SPORT
VERLAG
BERLIN

Wir widmen dieses Buch unseren Lehrern

Meister Asai
Meister Nocquet

André Kraus
Winfried Wagner, 5. Dan

Aikido

Die elegante Bewegungskunst

Sportverlag Berlin

Zweite, verbesserte Auflage von „Aikido für Einsteiger"

Umschlaggestaltung: Volkmar Schwengle/Buch und Werbung, Berlin
Titelfotos: Arno Kaßecker
Fotos: Arno Kaßecker
Zeichnungen: Christiane Göhler
Satz und Repro: IVB Satz- und Datentechnik GmbH, Berlin
Druck und Bindung: CAYFOSA Industriá-Grafica, Barcelona
Printed in Spain 1998

ISBN 3-328-00824-1

Gedruckt auf alterungsbeständigem Papier
mit chlorfrei gebleichtem Zellstoff

Die Deutsche Bibliothek – CIP-Einheitsaufnahme

Aikido : die elegante Bewegungskunst / André Kraus ;
Winfried Wagner. [Fotos: Arno Kassecker.
Zeichn.: Christiane Göhler]. - 2. Aufl. - Berlin :
Sportverl., 1998
1. Aufl. u. d. T: Aikido für Einsteiger
ISBN 3-328-00824-1

Inhaltsverzeichnis

Vorwort zur 2. Auflage

Wir freuen uns über die zweite Auflage des Aikido-Buches im Sportverlag. In dem Buch, das nun unter leicht verändertem, treffenderem Titel erscheint, wurden von den Autoren Verbesserungen und Aktualisierungen vorgenommen, so daß allen Aikidoka eine Ausgabe auf aktuellem Stand vorliegt.
Wir wünschen all denen, die mit unserem Buch arbeiten, viel Freude auf dem Weg (Do) des Aiki.
Dank sei an dieser Stelle noch einmal allen gesagt, die uns auf dem langen Weg zur Entstehung dieses Buches so hilfreich zur Seite standen.

Winfried Wagner
André Kraus

Einleitung

Dies ist ein Buch über Aikido.
Obwohl es sich mit den grundlegenden Prinzipien und Aspekten in Theorie und Praxis des Aikido befaßt, ist es nicht nur ein Buch für Anfänger. Wir hoffen, daß es auch für viele Fortgeschrittene weiterreichende Anregungen in Wort und Bild enthält.

Dies ist ein Buch über die Idee des Aikido,
über die Umsetzung dieser Idee in die Praxis, ihre Verkörperung in Bewegung und Technik, ihren Ausdruck in konfrontativen zwischenmenschlichen Interaktionen, die nur ein „Übungsfeld" darstellen für jegliche Art zwischenmenschlicher Konflikte.

Dieses Buch ist entstanden im Geiste des Aikido,
denn unserem Wissen nach finden sich zum ersten Mal in der Geschichte des Aikido überhaupt zwei Angehörige verschiedener Aikido-Verbände zu einem Gemeinschaftswerk zusammen. Auch damit wollen wir zeigen, daß die grundlegende Botschaft und Praxis des Aikido Kooperation (Ai) ist.

Dies ist nur ein Buch über Aikido,
mehr nicht. Denn Bücher können das Wesen dieser Kunst und ihren geistigen Aspekt nicht fühlbar machen. Die Essenz des Aikido ist letztlich in Worten und Schriften nicht zu fassen, genausowenig wie der Geschmack eines ausgezeichneten Essens oder Weines. Letztendlich gibt nur die aus langjähriger Übungspraxis gewonnene Erfahrung Aufschluß und Einsicht in den Weg des Aikido.

Aus diesem Grund ist dies kein Lehrbuch über Aikido im üblichen Sinne, da wir unsere Ausführungen und Darstellungen nicht als „Lehre" verstanden wissen wollen im Sinne von „der Weisheit letzter Schluß" oder „nur so oder so ist es richtig". Dem Interessierten soll es helfen, sich einen ersten informatorischen Eindruck zu verschaffen, dem Anfänger kann es unter Umständen eine willkommene Orientierungshilfe zum Einstieg sein, dem Fortgeschrittenen bietet es vielleicht einige neue Anregungen für seine Übungspraxis. Mehr soll und kann ein Buch über Aikido auch nicht leisten.

1. Was ist AIKIDO?

AIKIDO zeichnet sich aus als eine sanfte und weiche Form der Selbstverteidigung. Die einzelnen Silben stehen für:
AI = Harmonie
KI = universale geistige Energie
DO = Weg.
Aikido wurde in der ersten Hälfte des 20. Jahrhunderts in Japan von einem Meister verschiedener traditioneller japanischer Kampfkünste namens Morihei Ueshiba (1883–1969) als schöpferische Synthese aus spiritueller Schulung und japanischen Budokünsten entwikkelt. Aikido weist dementsprechend einige Merkmale anderer Kampfkünste auf (wie z. B. des Judo und Kendo). Im Unterschied zu diesen ist dem Aikido jedoch jeder Wettkampfcharakter fremd, d. h., im Aikido werden keine Turniere ausgetragen. Vor dem Hintergrund der buddhistisch-shintoistischen Religion leitete Meister Ueshiba eine „Reform" der Budokünste ein: Nicht die Vernichtung und das Besiegen des Gegners stehen im Vordergrund seiner Kunst, sondern das Lenken, Leiten und die Neutralisation der aggressiven Angriffsenergie.
Ziel des AIKIDO ist es, die Angriffskraft des Partners aufzunehmen, umzulenken und für sich selbst gewinnbringend einzusetzen. Diese friedliche und gewaltlose Form der Selbstverteidigung zeigt sich in der Bewegungsstrategie und den Techniken des AIKIDO. Die Übung beginnt damit, daß Uke (= Angreifer) einen Angriff einleitet. Durch geschickte Ausweichbewegungen verläßt Nage (= Verteidigender) die Angriffslinie, bevor die Kraft des Gegners ihn treffen kann. So vermag er die Angriffskraft aufzunehmen und umzulenken, die Kräfte von Uke und Nage arbeiten nicht gegeneinander, sondern miteinander. Diese Ausweichbewegungen nutzen zugleich die Zentrifugal- und Zentripetalkräfte geschickt aus, um das Gleichgewicht des Angreifers zu stören. Als Abwehrtechnik stehen schließlich mehrere Arten von Würfen (sog. NAGE-WAZA) sowie eine Reihe von Handhebeln (Hebel-Halte-Techniken, OSAE-WAZA) für den Übergang in die Bodenlage und dortige Fixierung von Uke (Haltetechniken: OSAE-WAZA) zur Verfügung. Alle Bewegungen und Techniken sollen mit Hilfe einer „subtilen" Kraft ausgeführt werden. Diese Energie oder geistig-körperliche Kraft (KI) wird in den Bewegungen mit Hilfe von Kon-Zentration („Zentrierung") im Unterbauch, dem Hara als Quelle des KI, und durch Atmung (KOKYU) freigesetzt.
Es gibt hinsichtlich der Teilnehmer/innen (Alter, Geschlecht, Konstitution usw.) keinerlei Beschränkungen in der Ausübung des AIKIDO. Jeder übt mit jedem. In gewissen Abständen werden Graduierungen vorgenommen, meist in Form einer Prüfung. Es gibt in der Regel sechs Schülergrade (KYU), je nach Verband mit einheitlich weißen oder aber verschiedenfarbigen Gürteln. Dann folgen acht Meistergrade (DAN). Bei der Ausübung des AIKIDO trägt der AIKIDOKA (der AIKIDO-Übende) einen speziellen baumwollenen Anzug (wie im Judo), die Meistergrade zusätzlich eine Art schwarzen Hosenrock, den HAKAMA (abgeleitet von einer traditionellen Beinbekleidung im alten Japan). Das AIKIDO hat sich sehr bald nach dem Zweiten Weltkrieg über die ganze Welt ausgebreitet. Viele seiner unmittelbaren Schüler schickte Morihei Ueshiba in verschiedene Länder, um dort den Weg des AIKIDO zu lehren. Die internationale Organisation des AIKIDO ist die „International Aikido Federation" (IAF) mit ihrem Sitz in Tokyo (Zaidan Hojin Aikikai). Auf nationaler Ebene findet man in der Bundesrepublik verschiedene Verbände, in denen AIKIDO betrieben wird.

So oder ähnlich könnte ein lexikalischer Artikel versuchen, kurz und bündig das Wesentliche und Wissenswerteste über AIKIDO zu beschreiben. Dennoch bleibt vieles unklar und unzulänglich ausgeführt. Dies liegt in der Natur der Sache: Zu umfangreich und mit Worten unauslotbar ist die Essenz des harmonischen Weges. Wir aber wollen im folgenden versuchen, uns dem Verständnis des AIKIDO anzunähern, indem wir zunächst ausführen, was AIKIDO auf jeden Fall *nicht* ist.

1.1. Was ist AIKIDO nicht?

AIKIDO ist keine Kampfsportart

Im AIKIDO werden keine Wettkämpfe (Turniere) ausgetragen. Jeder Wettkampfcharakter geht dem AIKIDO damit ab. Es wird weder ein Sieger ermittelt noch ein Verlierer bloßgestellt, vielmehr gehen beide Übungspartner gemeinsam den harmonischen Weg. Der eine Aikidoka ist zugleich „Spiegel" und „Schleifstein" des anderen. Im gemeinsamen Tun werden Fehler in der Bewegung sichtbar und bewußt, die letztendlich „Fehler" in der Geisteshaltung oder Gesinnung der Übungspartner verkörpern, wie sie sich in allen zwischenmenschlichen Interaktionen ausdrücken. Die Reife eines Menschen wird in seinem Umgang mit seinem Mitmenschen sichtbar. Der Partner soll in seiner Andersartigkeit und Verschiedenheit akzeptiert werden, nur die aggressiv-destruktive und lebensverneinende Geisteshaltung soll ihm durch den harmonischen Weg genommen werden. Das AIKIDO bietet somit durch das ständige Einüben friedfertiger und gewaltfreier Techniken eine brauchbare und zukunftsfähige Form der Konfliktbewältigung an. Der Begründer des AIKIDO hatte also die Notwendigkeit von friedfertigen und gewaltlosen Konfliktlösungsformen in unserer heutigen Welt erkannt und unterband die Gefahren des Abweichens von dieser Idee, indem er in der Konstruktion der Bewegungen und Techniken des AIKIDO jede Möglichkeit zum (auch sportlichen) Wettkampf von vornherein ausschloß. „Sich in Techniken messen, gewinnen und verlieren, ist nicht das wahre Budo" (Morihei Ueshiba, nach K. Ueshiba, 1963).

AIKIDO ist keine Selbstverteidigungskunst im üblichen Sinne

Wer mit der Vorstellung an das AIKIDO herangeht, daß er es innerhalb eines 20-Stunden-Selbstverteidigungskurses oder im Rahmen eines Wochenend- oder Wochenlehrgangs als wirksame Selbstverteidigungskunst erlernen kann, der wird enttäuscht. Es braucht schon sehr viel Zeit und Ausdauer, die Bewegungsstrategie und Techniken des AIKIDO von Grund auf zu erlernen, bis sie im wahrsten Sinne des Wortes „in Fleisch und Blut" übergegangen sind. Mit wenigen Einführungsstunden kommt man hier nicht weit, reicht doch diese kurze Zeit gerade dafür aus, einen ersten Eindruck von Aikido zu gewinnen. Sich in Sicherheit zu wähnen nach einigen Trainingseinheiten, wäre wohl ein großer Fehler. Manchmal hört man den Vorwurf, daß man sich mit Aikido im Ernstfall nicht oder nur sehr schlecht verteidigen könne. Aikido als weiche Form der Selbstverteidigung tauge in einer wirklichen handgreiflichen Auseinandersetzung sehr wenig. Alle möglichen Argumente werden hierfür ins Feld geführt. Betrachtet man die Art der Argumentation näher, so ist auffallend: Sie entspringt einer oberflächlichen Betrachtungsweise und einer Gesinnung, die dem eigentlichen Ziel des Aikido noch sehr fern ist. Im Aikido geht es um die Vermeidung jeglicher Form von Eskalation aggressiv-destruktiver Gewalt. Den Weg des Aiki zu gehen, ist eine lebenslange Aufgabe. Denn „wahre Selbstverteidigung" ist nicht so sehr das Erlernen und Anwenden körperlicher Techniken, sondern vor allem die Veränderung der Gesinnung. „Siegen meint über den Geist der Uneinigkeit in euch selbst zu siegen" (M. Ueshiba nach K. Ueshiba 1963). Erst diejenigen sind die wahren Meister des Aikido, die einen Konflikt mit friedlichen Mitteln beilegen können. Der Gebrauch von Gewalt in einer Auseinandersetzung jedenfalls ist dem Aikido von Grund auf zuwider. „Das Aiki ist keine Technik, um einen Feind zu bekämpfen oder zu besiegen. Es ist ein Weg (Do), die Welt zu versöhnen und alle Menschen in einer Familie zu vereinen" (nach K. Ueshiba, 1963).

Aikido ist nicht nur „Männersache"

Der hohe Anteil an weiblichen Aikidoka widerlegt eindeutig die Hypothese, Aikido als einen „Männersport" anzusehen. Die weichen fließenden und ästhetischen Bewegungsformen des Aikido und die Tatsache, daß die Techniken nicht in dem Maße Muskelkraft erfordern wie in anderen Kampfsportarten, bietet gerade auch weiblichen Teilnehmern eine gute Möglichkeit, sich auf den harmonischen Weg zu begeben. Damit ist aber nicht nur die reale Verteidigungssituation gemeint. Auch unser Alltagsleben liefert genug Möglichkeiten, sich in den Prinzipien des Aikido zu üben. Denn fast jeder Konflikt wird bereits „im Kopf" (Einstellung, Gesinnung) und „im Herzen" (Gefühl, Beziehung) vorentschieden. Dementsprechend wird man sich seinem Gegenüber (als Gegner oder als Partner) präsentieren.

Dasselbe gilt bezüglich des Alters. Sieht man sich die Aikido-Treibenden an, so kann man eine große Bandbreite ausmachen, was das Alter dieser Aikidoka angeht. Dem Alter für das Studium des harmonischen Weges sind sowohl nach unten (Kindergruppen) als auch nach oben kaum Grenzen gesetzt. So übte sich Meister Morihei Ueshiba bis kurz vor seinem Tod – er starb im Alter von 85 Jahren – täglich in seiner Kunst. Allgemein kann man für die Entwicklung im Aikido in etwa folgende Gleichung aufstellen: Der Fortschritt ist abhängig von der Anzahl der Übungsjahre (Dauer), der Regelmäßigkeit der Übung (Übungsfrequenz) und dem Bewußtsein, in dem und wie geübt wird (qualitativer Aspekt). Da überrascht es nicht, daß die wahren Meister oft diejenigen Aikidoka sind, die viele Jahre diesen Weg gegangen sind und sich intensiv mit ihm auseinandergesetzt haben.

1.2. Was kann Aikido sein?

Damit kehren wir zu unserer Ausgangsfrage zurück.
Sicherlich gibt es keine Pauschalantwort auf diese Frage, auch dann nicht, wenn wir die individuell anfänglich sicherlich recht unterschiedlichen Motivationen vieler Einzelner, mit dem Aikido zu beginnen, nicht mißachten wollen. Die Gründe, den Weg des Aikido zu gehen, sind oft so verschieden, wie die Menschen, die Aikido miteinander üben. Mag der eine den Akzent mehr auf den Selbstverteidigungsaspekt legen, in dem auch Schwächere wirkungsvolle Mittel und Strategien an die Hand bekommen, so sieht der andere darin vielleicht eher ein Mittel zur körperlichen Ertüchtigung oder eine Art Körperarbeit und -selbsterfahrung. Dementsprechend unterscheidet man im Aikido auch mehrere „Felder" der Entwicklung, die sich auch als Stufen der Entwicklung verstehen lassen, zumal wenn eine Fixierung (Haftenbleiben) auf eines dieser „Felder" unter Vernachlässigung der anderen feststellbar ist.

Körperliche Entwicklung (Tai-Iku)

Die physio-funktionellen Voraussetzungen für die Ausübung des Aikido werden hier geschaffen: ein Mindestmaß an körperlicher Kräftigung, Ausdauer, Koordinationsfähigkeit und Beweglichkeit. Als Beispiel für ein Mindestmaß an „Körperbeherrschung" (Körperkontrolle) sei die Fallschule genannt, die für das Aikido erforderlich ist. Dieser Bereich entspricht der auch im Westen bekannten Erfahrungstatsache, daß der gesunde Körper die beste Grundlage für einen gesunden Geist darstellt.

Entwicklung von Ki (Ki-Iku)

„In den Menschenherzen lebt eine Urkraft wechselseitiger Harmonie, die von Himmel und Erde empfangen wurde. Sie ist der Ursprung des menschlichen Lebens" (Kaibara Ekken).
Wenn wir der Erfahrung und Lehre des Begründers des Aikido folgen, so heißt dies, daß es eine Art „Universalkraft" oder fundamentale Lebensenergie gibt, an der wir vom Grunde unseres Lebens her teilhaben. Diese „innere, intrinsische" Energie, die in jedem Menschen in unkoordinierter Form vorhanden ist, kann konzentriert und entwickelt werden. Hierbei handelt es sich um ein Erfahrungsgut, das mehr oder weniger implizit oder explizit vielen „Primitiv-" wie Hochreligionen und -kulturen bekannt war oder ist, so z. B.

- das Mana der Kulturen Polynesiens bzw. Huna der alten Hawaiianer,
- Prajna in der indischen Tradition von Hinduismus und Buddhismus, sowie das Ch'i des chinesischen Taoismus,
- Ka bei den alten Ägyptern,
- Pneuma bei den alten Griechen,
- Spiritus bei den alten Römern,
- El im alten Judentum,
- sowie der Odem, den Gott Adam einhauchte, um ihn so zum Leben zu erwekken.

Auch die Wissenschaftler der Neuzeit stießen

immer wieder auf die bisher ungelöste Problematik einer kosmischen „Lebensenergie“:

- Die VIS VITALIS im Vitalismus und Neo-Vitalismus, mit unterschiedlichen Bezeichnungen, z. B. bei Paracelsus, Mesmer, Galvani, von Reichenbach, Driesch – usw. – bis hin zu Wilhelm Reichs ORGON,
- Henry Bergsons ELAN VITAL als eine „schöpferische Kraft“, eine „explosive Funktion“ der Materie, die sich im Lebendigen am klarsten manifestieren soll,
- sowie Bechterews WELTEN-ENERGIE als allgemein aktives, dynamisches, kosmisches Prinzip,

um nur eine kleine Auswahl an Forschern und Konzepten zu erwähnen. Wir wollen uns in diesem Buch jedoch nicht in metaphysischen Überlegungen verlieren, sondern werden uns im 3. Kapitel mehr den übungsrelevanten Aspekten und Prinzipien von KI zuwenden.

Ethische Entwicklung (TOKU-IKU)

Diese ethische Entwicklung kommt in ihrer ganzen Bedeutungsbreite in dem Begriff AI zum Ausdruck. AI bedeutet „Harmonie“. AI meint letztendlich die Übereinstimmung des Menschen mit sich selbst und seiner Natur, der Welt und dem All. Wie die Welt nach einem bestimmten Gesetz abläuft (japan.: DO), so muß auch der Mensch sich in das Gefüge der Natur einpassen. Er kann sich nicht darüberstellen und seinen eigenen Weg gehen. Der Mensch ist ein Teil des Kosmos, und nur die reibungslose Zusammenarbeit der einzelnen Teile bewirkt eine Harmonie des Ganzen. Doch in der Silbe AI steckt noch mehr als nur dieses ganzheitliche Zusammenwirken der einzelnen Kräfte. Meister André Nocquet, ein Schüler Meister Morihei Ueshibas, berichtet von einer weiteren und der Meister Morihei Ueshibas treuesten Auslegung der Silbe AI. Die japanische Schrift besteht aus Symbolen, nicht aus Buchstaben. In ihr werden sowohl japanische als auch chinesische Schriftzeichen verwendet. Liest man das Schriftzeichen AI nach dem chinesischen Symbol, das zwar in der Übersetzung in die Silbenschrift die gleiche Aussprache hat, sich aber in der Bedeutung der Silbe AI in dem Sinne ändert, wie Meister Morihei Ueshiba sie verstanden wissen wollte, dann bedeutet AI soviel wie „Liebe“ und „Zuneigung“. Wenn man das AIKIDO, den harmonischen Weg, als Ganzheit betrachtet, wird deutlich, daß Meister Morihei Ueshiba AI nach dieser Bedeutung auffaßt. Nie spricht O Sensei davon, den Gegner ernsthaft zu verletzen. Die Quintessenz seiner Lehre steckt vielmehr in seinen eigenen Worten, die lauten: Im AIKIDO sollst du „deinen Gegner in dein Herz schließen“, was soviel bedeutet, wie daß der AIKIDOKA seinem Partner keinen Schaden zufügen, sondern daß er lediglich die negativen Kräfte des Partners neutralisieren und durch den harmonischen Weg den friedvollen Zustand wiederherstellen soll. Darin unterscheidet sich das AIKIDO von allen anderen Kampfsportarten: AIKIDO ist in seinem Wesen „praktizierte Nächstenliebe“.

Meister Morihei Ueshiba sah als Endziel seines von ihm geschaffenen Weges die gegenseitige Achtung, die aufrichtige Liebe und die wahre Freundschaft der Menschen. Seine Botschaft der Gewaltlosigkeit ist gerade heute hochaktuell und vielleicht ein Grund, warum die Zahl der AIKIDOKAS auf der ganzen Welt stetig zunimmt.

Geistige Entwicklung (Shi-Iku)

Es handelt sich hier in der angestrebten Transformation des gewöhnlichen Bewußtseins, um die spirituelle Dimension des Aikido. Es ist dies wie mit dem Erlernen einer (Fremd)-Sprache: Wenn Sie diese Sprache völlig verinnerlicht haben, dann haben Sie sich mehr angeeignet als nur eine Sprache, nämlich auch die dieser Sprache zugrundeliegende Bewußtseinsform oder -struktur. So ist es auch mit dem Aikido: Durch langjährige, kontinuierliche Übungspraxis werden Sie irgendwann einmal auch die dem Aikido wesentlichen Prinzipien verinnerlicht, wird sich ihre Bewußtseinsstruktur dementsprechend gewandelt haben. Es geht dabei letztendlich um die Entwicklung eines Einheitsbewußtseins allen Lebens, um die Erkenntnis der Wahrheit, daß im Grunde alles Leben eins ist, und um die Verwirklichung einer Art „reinen" oder „spirituellen" Liebe, wie sie auch in anderen mystischen Traditionen und Schulen bekannt ist.

Was also ist Aikido?

Jemand stand eines Tages am Rand einer Klippe und sah zum ersten Mal in seinem Leben das Meer. „Wie schön es ist, welch ein großartiger Anblick" sagte er fast atemlos vor Staunen. „Ja" so sein Freund, „und dabei siehst du doch nur die Oberfläche und nur einen Ausschnitt des Ganzen."

Was Aikido in seiner ganzen „Weite und Tiefe" ist, konnten wir nur andeuten. Eine schlüssige Antwort zu haben, würde vermutlich auch bedeuten, am Ende einer Entwicklung angekommen zu sein und ein Ziel erreicht zu haben, vergleichbar dem Beherrschen einer Technik. Die Entwicklung eines Menschen jedoch kennt kein Ziel, sondern nur einen Weg. Der Weg ist das Ziel! Zudem ist jede Erklärung subjektiv gefärbt und nur ein Ausschnitt aus dem unendlichen Spektrum persönlicher Ansichten.

2. Die Geschichte des Aikido

Das Aikido ist eine Schöpfung des Japaners Morihei Ueshiba (geb. am 14. Dezember 1883, gest. am 26. April 1969).

Dieser war bereits von früher Kindheit an in verschiedenen Zweigen des Buddhismus aufgewachsen (Shingon und Zen), war mit der shintoistischen Tradition Japans eng verbunden und wandte sich im Erwachsenenalter der Omotokyo-Religion zu. Von früher Jugend an erlernte er die unterschiedlichen traditionellen Kampfkünste (sog. Budo). Ueshiba vollzog so in seinem eigenen Leben, was sich schon vor ihm in der Geschichte der Budo-Künste vollzogen hatte: die Verbindung und Integration des „kriegerischen" Handwerks mit den religionsphilosophischen Systemen des japanischen Universismus. Um für den Leser diese Entwicklung nachvollziehbar zu machen, soll im folgenden in einem historischen Abriß etwas weiter ausgeholt werden.

2.1. Bushidô

Der Weg des Kriegers, das Bushidô, hat in Japan eine lange Tradition. Viele Quellen speisen den Strom des Bushidô.
Untrennbar ist dieser Weg des Kriegers mit dem Ursprungsland Japan verbunden. Einen besseren Nährboden zu seiner Entfaltung hätte das Bushidô nicht finden können, denn vielfältig präsentiert sich dem Betrachter die Gedankenwelt, in die das Bushidô seinen Einzug gehalten hat. Verschiedenartige Lehren und Religionen haben den kriegerischen Weg geprägt, mitgestaltet und verwandelt. Am Beginn dieser Entwicklung steht der Buddhismus, der von Indien aus seinen Siegeszug über die östliche Welt antrat. So verschmolz er in Japan zu einzigartigen Ausformungen, die in der Form des Zen-Buddhismus die für das Bushidô wichtige Gestalt angenommen haben. In ihm geht es mit dem Hilfsmittel der Meditation um eine absolute Befreiung des menschlichen Bewußtseins von allen ihm immanenten Inhalten, bis hin zu dem endgültigen Ziel der Befreiung (Satori). Seine Methode ist in der Hauptsache die meditative Betrachtung oder das Einstudieren meditativer Bewegungen, die den Einzelnen mit dem Absoluten in Harmonie bringen wollen. Auch viele andere – inzwischen oft zu Sportarten „degenerierte" Zenkünste – wie das Judo (= der sanfte Weg der Selbstverteidigung), das Kendo (= der Weg des Fechtens), das Kyudo (= der Weg des Bogenschießens) sowie die Teezeremonie entstammen der Jahrhunderte alten Tradition des Zen. Die stets gleich ausgeführten Übungen streben in ihrem religiösen Gehalt die vollkommene Gelassenheit und den inneren (Seelen)-Frieden eines Menschen an. Dieser Buddhismus, der erstmalig im 1. Jahrhundert n. Chr. unter dem Namen Ch'an (= Meditation) in China auftrat, dort aber auf heftigen konfuzianischen Widerstand stieß, jedoch im 5. Jahrhundert durch den 28. Patriarchen mit dem Namen Bodhidharma endgültig in China als Ch'an-Schule Fuß faßte, dieser Ableger des

Bodhidharma-Buddhismus verbreitete sich 700 Jahre später auch in Japan durch seine strenge Methode der körperlichen und geistigen Schulung. Es ist vor allem ein Verdienst des Kriegsadels der Samurai, der den Zen-Buddhismus als Weg der Selbstdisziplin und der Selbstzucht für die eigenen Kampfkünste schätzen lernte, daß gerade der Zen-Buddhismus in Japan so schnell heimisch werden konnte.

Die Voraussetzungen, die der Buddhismus für seine Ausbreitung in Japan vorfand, waren sehr günstig. Nahm doch der Shintoismus, ein religiöses Geflecht aus verschiedenen Überlieferungen des alten Japan, den Buddhismus in sich auf und formte in einer eigenartigen Synthese diesen und sich selbst zu klar definierten und strukturierten religiösen Systemen aus. Die shintoistische Religion billigt der Natur eine große Verehrung zu: Alle Wesen und Lebewesen der Welt tragen eine übernatürliche Kraft in sich. Steine, Berge, Bäume und Tiere werden als Gottheiten verehrt. Vom Standpunkt einer Offenbarungsreligion aus wird diese Sichtweise als eine Art Animismus bezeichnet: als eine Ehrfurcht vor der Welt und demjenigen, der diese Welt belebt. Der Shintoismus gewann in jener Zeit sehr stark an Einfluß und verdrängte mehr und mehr den Buddhismus, als es darum ging, die Abstammung des japanischen Kaiserhauses an Ninigi, dem Enkel der Sonnengöttin Amaterasu, festzumachen. Mit dieser Erbfolge beanspruchte das japanische Kaiserhaus gottähnliche Verehrung. Kaiser Meiji führte im Jahre 1868 die Monarchie – mit dem Shintoismus als Staatsreligion – wieder zu voller Blüte. Das Jahr 1945, die Kapitulation Japans im Zweiten Weltkrieg, setzte der Vorrangstellung des Shintoismus ein Ende. Die Amerikaner zwangen den japanischen Kaiser, seinen gottähnlichen Status aufzugeben. Die Verehrung und die Achtung des Kaisers scheint aber auch heute noch ungebrochen und damit verbunden die Verehrung der Shintoschreine, der religiösen Wahrzeichen Japans. Was der Buddhismus dem BUSHIDÔ an Werten nicht liefern konnte, das übernahm es aus der Lehre des Shintoismus. So fand sich in der wiederentdeckten Urreligion Japans eine tiefe Verehrung und eine unauflösliche Treue zum Gott-Kaiser, eine Verehrung der Ahnen und eine starke Vaterlandsliebe.

Der Gehalt des BUSHIDÔ wäre nicht voll ausgeschöpft, wären nicht die beiden chinesischen Gelehrten Konfuzius (551-479 v. Chr.) und Mencius (371-289?) genannt. Diese hatten einen ungeheuren Einfluß auf die ethischen Grundsätze des BUSHIDÔ. Konfuzius lehrte, ein rechtes Verhalten der Menschen untereinander sei nur in dem Gedanken der vollkommenen Menschlichkeit (JEN) gewährleistet, dann nämlich, wenn die Beziehungen, in denen alle Menschen zueinander stehen, rechtens seien. So nennt Konfuzius fünf Arten von Abhängigkeitsverhältnissen, die die Gesellschaft tragen sollen:

– Vater und Sohn, – Ehemann und Ehefrau, – älterer und jüngerer Bruder, – Freund und Freund, – Herr und Bediensteter. Für die fünf Einteilungen stellt Konfuzius akribisch Regeln und Pflichten (LI) auf, bei deren Einhaltung eine gerechte, d. h. eine harmonisch funktionierende Gesellschaft gewährleistet sein soll. Grundlage der konfuzianischen Weltanschauung bildet der zur damaligen Zeit verbreitete Universismus. Eine ähnliche Auffassung, wie sie sich auf der anderen Seite der Weltkugel bei den alten Griechen (vgl. Sokrates und Platon) widerspiegelt. Den Universismus prägt ein positives Menschen- und Weltbild. Der Kosmos – auch der Mensch – ist in seinem Wesen gut. Auf dieser Grundlage kann nur logisch gefolgert werden, daß bei rechter Erkenntnis und rechter Bildung ein harmonischer Zustand auf Erden herbeigeführt werden kann. Die Glückseligkeit des Menschen liegt naturnotwendig im Aufbau einer idealen Gesellschaft. Für Konfuzius hieß dieses menschliche Streben die strikte Einhaltung der dem Menschen vorgegebenen Regeln und Pflichten. In der ganzheitlichen Ausbildung der Samurai – neben militärischer Erziehung v. a. die Erziehung in der Kunst der Literatur und Philosophie, Religion und Ethik, Schönschrift und Geschichte –, in ihrer Ergebenheit und Treue zum Kaiser und ihrer konservativ-aristokratischen und herrschenden Stellung am kaiserlichen Hof läßt sich sicherlich festmachen, daß die Anweisungen des Konfuzius und des Mencius für den Samurai im Umgang mit seinen Mitmenschen ein tragendes, politisch-ethisches Gerüst bildeten.

Japanischer Universismus und Bushido

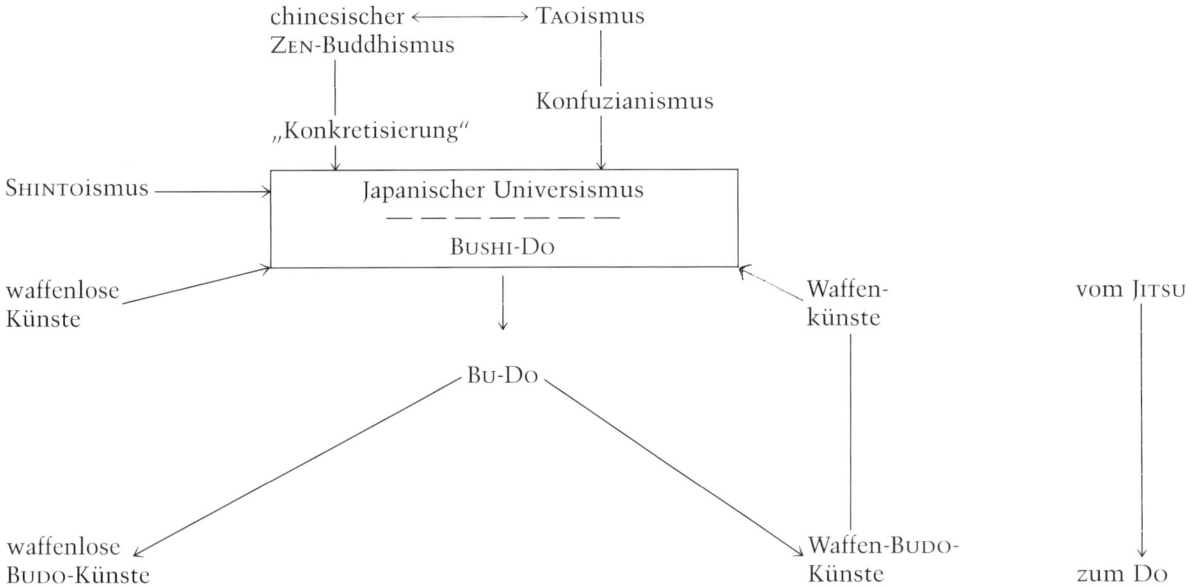

Welche Werte nun genau aus welcher Religion stammen, diese Suche bleibt bei dem über viele Jahrhunderte alten Bushidô ohne großen Erfolg. Daß aber diese Werte – wie Aufrichtigkeit, Gerechtigkeit, Wahrheit, Mitleid, Treue, Ehre, Besonnenheit, Höflichkeit, Wagemut, Standhaftigkeit und viele andere – auch heute noch in den japanischen Künsten fortleben, dafür sei das Aikido, der harmonische Weg, ein glaubwürdiger Zeuge.

2.2. Leben und Werk des Meisters O Sensei Morihei Ueshiba

Morihei Ueshiba wurde im Dezember 1883 in Tanabe (heutige Präfektur Wakayama) geboren. In seiner Kindheit soll er kränklich und schwach gewesen sein, und niemand hätte sich damals vorstellen können, daß er einmal ein Mann von robuster Gesundheit und der Begründer einer BUDO-Kunst werden würde.

Als er einmal untätig mitansehen mußte, wie Männer seines Heimatdorfes seinen Vater verprügelten, reifte in ihm der Entschluß, seinen Körper so zu stärken, daß er alle seine Gegner besiegen könnte. So begann er bereits mit zehn Jahren, sich für das Budo zu interessieren. Im Laufe seiner Jugendzeit praktizierte er viele der bestehenden Kriegskünste: verschiedene Richtungen des Jiu-Jitsu, Speerfechten, Schwertkampf und Judo.

Meister Ueshiba soll aber auch schon von Kindheit an an philosophischen und religiösen Fragestellungen außerordentlich interessiert gewesen sein. So erhielt er bereits mit sieben Jahren Unterweisung in der Lehre der Shingon-Sekte (ein Zweig des Buddhismus), mit zehn Jahren im Zen.

Im Jahre 1918 begab er sich nach Ayabe (Präfektur Kyoto), dem Zentrum der Omotokyo-Religion. Wanisaburo Deguchi, der diese Religionsgemeinschaft anführte, vertrat in seiner Lehre den Grundsatz menschlicher Liebe und Güte. Mit dem Tod seines Vaters, des Menschen, den M. Ueshiba am meisten geliebt hatte, wandelte sich sein Leben erstmalig grundlegend: Er schwor am Grabe seines Vaters, aus dem „Gefängnis seines Geistes auszubrechen“, sich weiterzuentwickeln und die allen BUDO zugrundeliegende Wahrheit verstehen zu lernen. Von Februar bis Juli 1924 bereiste er mit W. Deguchi die Mandschurai, wo sie aufgrund politisch-konfessioneller Unruhen Inhaftierungen und harte Entbehrungen erleiden mußten und sogar hingerichtet werden sollten. Es war diese Begebenheit für Meister O Sensei Morihei Ueshiba wohl die bisher größte Bewährungsprobe hinsichtlich seiner spirituellen Entwicklung.

Zurück in Japan, ging er in die Einsamkeit und meditierte. Er hielt es unter einem Wasserfall aus, um die „Augen der Seele“ zu öffnen, übte sich mit seinem Holzschwert und vertiefte sich in die Frage: „Was ist die Essenz des BUDO?“ Andere Menschen zu unterwerfen, zu bekämpfen und die Oberhand über sie zu gewinnen – welchen Zweck hat dies alles? Sollte dies das Wesen des BUDO sein? Zu gewinnen bedeutet nämlich, eines Tages selbst zu verlieren. Der heutige Sieger wird morgen der Besiegte sein. Denn nur, weil andere verlieren, gewinnt der Stärkere. Diese Siege jedoch sind nur relativ. Was nützt es siegreich zu sein? In den Augen der Natur sind Gewinnen und Verlieren wertlos, ohne mehr Bedeutung als Ebbe und Flut des Meeres. Ist es nicht Energieverschwendung, ein Leben lang diesen nichtigen und eitlen Zielen des Siegens nachzulaufen? Der einmal aufgetauchte Zweifel wuchs, brachte neue, andere hervor und führte schließlich zu endlosen Zweifeln über das Leben überhaupt. Jedoch entschlossen, sein Problem zu lösen, fuhr Meister Ueshiba fort, ein mönchisches Leben zu führen (nach Tohei 1961).

Nach fast einem Jahr intensiven Übens kam er eines Tages von einem Berg, betrat den Hof seiner Hütte, goß sich Wasser über seinen Körper und sah in den blauen Himmel auf. Plötzlich fühlte er sich von der Wahrheit erfüllt: **Das fundamentale Prinzip der Kriegskünste ist eine umfassende, universale Liebe.**

Später erläuterte er: „Ich war frei geworden von jedem Wunsch, nicht nur von der Begierde nach Besitz, Ansehen und Reichtum, sondern auch frei von dem Wunsch, stark zu sein." (nach K. Ueshiba 1963) Wir erinnern uns: Dies war eines seiner ursprünglichen Motive gewesen, die BUDO-Künste zu erlernen.

„Ich verstand: BUDO heißt nicht, den Gegner durch Gewalt zu schlagen; es ist auch kein Mittel, die Welt durch Waffengewalt zu zerstören. Das wahre BUDO besteht darin, einen universellen Geist der Liebe zu entwickeln, den Frieden in der Welt zu erhalten und allem zur natürlichen Reife zu verhelfen." (nach K. Ueshiba, 1963)

Den Augenblick dieses Erlebnisses im Frühjahr des Jahres 1925 kann man als die Geburtsstunde des AIKIDO bezeichnen. Die BUDO-Künste, die von Meister Ueshiba geübt wurden, änderten sich nun von Tag zu Tag und entwickelten sich in diese neue Schöpfung, die das heutige AIKIDO ist. Es stellt ein BUDO dar, das aus seiner persönlichen Erfahrung erwuchs.

Die effektvollen und heftigen Künste, die er vorher praktiziert hatte, deren Ziel die Vernichtung des Gegners war, wandelten sich in sanfte, harmonische Künste. Meister Ueshiba erklärte:

„Da AI (= Harmonie) in Einklang mit dem AI (= Liebe) steht, habe ich beschlossen, mein Budo AIKIDO zu nennen". (Nach K. Ueshiba, 1963)

Diese neue Entwicklung geht über die bisherigen BUDO-Künste hinaus und läßt sich beschreiben bzw. verstehen als ein Schritt in Richtung „Verinnerlichung" oder „Veredelung", im Sinne einer „Überwindung" des Wettkampf(=BU)-Prinzips überhaupt und „Vergeistigung" bzw. Zentrierung auf die allgemein-menschliche und spirituelle Entwicklung des Menschen (=DO).

Hohe Meister anderer BUDO-Künste besuchten O Sensei seitdem in seiner Hütte in Ayabe, und er erhielt viele Einladungen. Prof. Kano, der Begründer des heutigen Judo, soll bei einem Besuch beim Anblick von Meister Ueshibas AIKIDO gesagt haben: „Das ist das Ideal meines BUDO!"

Als der Zweite Weltkrieg ausbrach, verließ Meister Ueshiba aus persönlichen Gründen das DOJO, erbaute sich eine Hütte in den Bergen der Ibaragi-Präfektur und betätigte sich in der Landwirtschaft. „BUDO und Bauernarbeit" war ein beliebtes Motto des Meisters. Während dieser Zeit nahm er nur wenige Schüler bei sich auf.

Einige Zeit nach dem Krieg blieb Meister Ueshiba noch in den Bergen und widmete sich seiner Kunst. Als er jedoch die niedergeschlagene Moral seines Volkes in den Nachkriegsjahren erlebte, hielt er die Zeit für gekommen, AIKIDO der Öffentlichkeit zugänglich zu machen. Er rief seine ehemaligen Schüler zusammen und begann mit der Verbreitung des AIKIDO.

Er selbst unterrichtete zwar bis ins hohe Alter, hatte sich aber schon früh aus Überzeugung aus den geschäftlichen Angelegenheiten – Verwaltung der Dojos, Führung des Verbandes usw. – zurückgezogen. In Iwama führte er bis an sein Lebensende ein einfaches Leben. Im April 1969 starb er.

Ueshibas Universismus

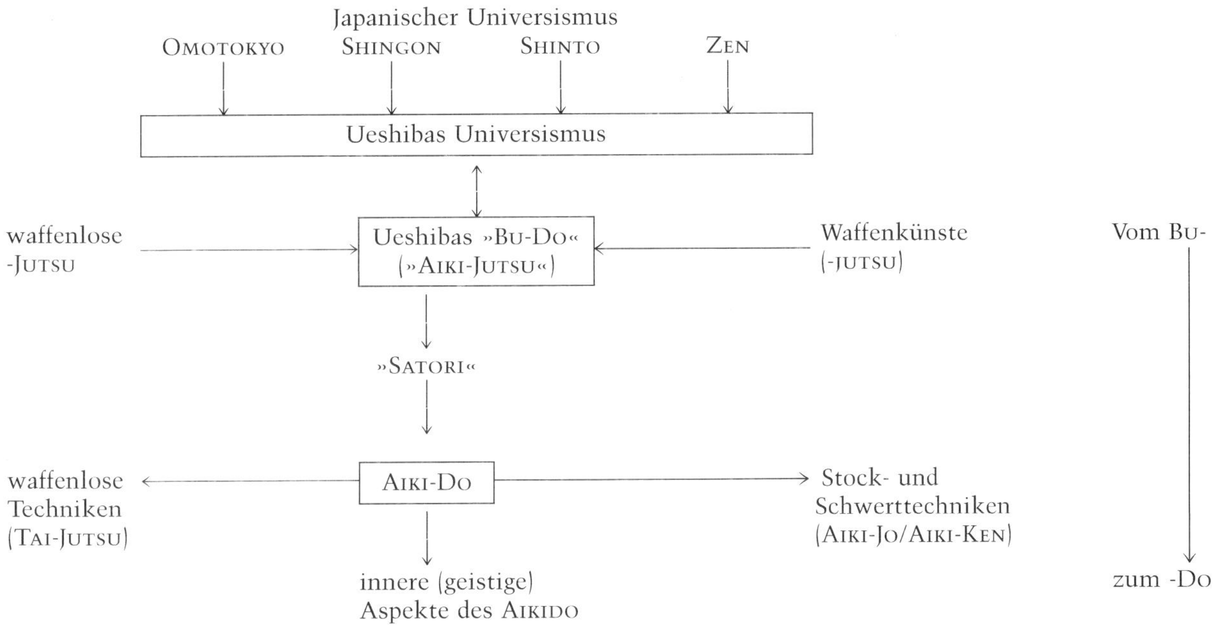

3. Allgemeine Grundlagen zur Praxis des Aikido

Die Übung im AIKIDO – soll sie kein rein mechanisches oder sportliches Training sein – bedarf der Beachtung einiger grundsätzlicher Prinzipien, Aspekte und Voraussetzungen unabhängig von den speziellen AIKIDObewegungen und -techniken. Diese grundsätzlichen Prinzipien sind:

– eine „rechte Haltung“ (SHIZENTAI),
– die „Zentrierung“ (HARA),
– Aspekte der „Entfaltung von KI“
– die Fallschule.

3.1. Haltung und Zentrierung SHIZENTAI und HARA

Aufrecht – standfest – gesammelt, das sind die Merkmale einer korrekten und „zentrierten“ Haltung. Um ein Gefühl dafür zu bekommen, was damit gemeint ist, empfehlen wir folgende grundsätzliche Übung:
FUDO-NO SHIZENTAI

Der Übende steht etwas über schulter- und hüftbreit, das Körpergewicht ruht gleichmäßig auf beiden Füßen. Über die Fußsohlen nimmt man möglichst viel „Spür-Kontakt“ zum Boden hin auf. Dann alle Verspannungen, von oben nach unten vorgehend, erspüren und loslassen. Auf diese Weise läßt man sich immer mehr zur Erde hin los (man spricht auch vom „Sich-Erden“). Vor allem auch den häufig nach vorn gehaltenen Kopf etwas zurücknehmen und damit auch den Blick etwas „zurücknehmen“, d. h. nicht starren oder einen Punkt fixieren, sondern den Blick ins Unendliche schweifen lassen (u. U. auch mit geschlossenen Augen). Daraufhin in den Schultern die Verspannungen lösen, die Arme locker herabhängend, die Handflächen nach vorn zeigend und die Finger leicht gestreckt. Im Rücken (im Bereich der Lendenwirbelsäule) soll ein Hohlkreuz vermieden werden. Das „verspannte, hochgezogene Becken“ kann nur freigegeben und gelöst werden, wenn man auch in den Knien etwas nachgibt. Manche Menschen glauben irrtümlich, daß man nur mit „arretierten Knien“ stabil steht. Doch gerade das Gegenteil ist der Fall. Bei einer korrekten und aufrechten Haltung fällt das Schwergewicht des Körpers auf die senkrechte Linie, die vom Scheitelpunkt lotrecht durch die Mitte des Kopfes und Rumpfes hindurch zwischen den Beinen am Beckenboden endet. Im Laufe der Zeit entwickelt sich ein Gespür oder zumindest eine Vorstellung von dieser senkrechten Körperachse.

Der nächste Schritt gilt der Atmung. Ohne in der aufrechten Haltung zusammenzusacken, läßt man sich „in den Ausatem gleiten“. Bei gleichzeitiger Konzentration der Aufmerksamkeit im Unterbauch wird meist von selbst die Bauchatmung angeregt. Der Ausatem wird dabei unwillkürlich im Vergleich zum Einatem etwas länger. Diese Bauchatmung erfolgt jedoch nicht durch Aufblähen und Herausdrücken der Bauchdecke, sondern stellt sich wie von selbst ein durch die konzentrierte und entspannte Art und Weise zu stehen.

Diese aufrechte Stellung gleicht nicht etwa einem Stock, sondern eher einem jungen Baum, der – fest in der Erde verwurzelt – sich dem Wind beugt und elastisch wieder aufrichtet. Nichts Statisches oder Starres ist das ideale Stehen, sondern etwas Elastisches und Dynamisches. Optimal ist eine körperliche Haltung dann, wenn jede anatomische Bewegung ohne vorheriges Arrangement der Körpersegmente unmittelbar beginnen kann (ohne plötzlichen Wechsel des Atemrhythmus und ohne unnötige Spannungsmomente). Stehen ist somit ein Grenzfall von Bewegung, denn selbst wenn der Körper stehend ruht, ist er in Bewegungsbereitschaft, außer die Person „sackt ab" in die Erschlaffung oder erstarrt. Ruhe und Bewegung sind nicht zwei sich ausschließende oder gegensätzliche Zustände, sondern Stehen bedeutet einen Zustand „ruhender Bewegung" oder „bewegter Ruhe" – ein Übergangs- oder Durchgangsstadium zwischen zwei Bewegungen.

Zur rechten Haltung gehört auch ein entsprechendes Haltungsbewußtsein. Ein Mensch, der „gelassen" und „geerdet" steht, fühlt sich nie oben zentriert, sondern unten verwurzelt im Bauch-Becken-Raum – voll Kraft in den Lenden. So erfährt er den Bauch-Becken-Raum als einen Kraftraum, von dem die Energie sozusagen ausstrahlt in den Oberkörper und in die Gliedmaßen. Auf das Spüren dieser Kraft im ganzen „Leib" (Becken, Kreuz und den Gliedmaßen) kommt es an. Wer zentriert steht, den werden auch mehrere Partner nicht anheben können, obwohl der Zeiger einer Waage dasselbe widergibt wie sonst auch (FUDO-NO SHIZENTAI).

Die japanische Bezeichnung für diesen Bauch-Becken-Raum heißt HARA, wörtlich ins Deutsche übersetzt: Bauch. HARA meint jedoch nicht, einen dicken Bauch haben im landläufigen Sinn, sondern im natürlichen anatomisch-physikalischen Schwerpunkt des Körpers zentriert zu sein. Dieser Körperschwerpunkt oder die sogenannte Körpermitte befindet sich etwa zwei bis drei Fingerbreit unterhalb des Nabels. Gleichbedeutende Begriffe sind auch TANDEN, SEIKA-TANDEN oder KIKAI-TANDEN (= Meer des KI).

Die Zentrierung geschieht durch Konzentration auf bzw. in diesen Punkt oder Raum sowohl in Ruhe als auch in der Bewegung.

Im Bauch-Becken-Raum ist das Eingeweidesystem lokalisiert, das zusammen mit der Atmung sozusagen ein „Basisenergie-Gewinnungssystem" darstellt. Zugleich stellt die Körpermitte gewissermaßen unsere „Bewegungsmitte" dar, denn die Beine und Füße lassen sich als „Ausläufer" und „Kontaktorgane" zur „Mutter Erde" verstehen. Deswegen muß jegliche Aufrichtung und „Erdung" sowie jede Bewegung vom HARA ausgehen. Und schließlich ist der Bauch-Becken-Raum ein Ort primärer, konfluenter (d. h. „verschmelzender" – japan. AI) Gefühle, Bedürfnisse und Sinnlichkeit, was vielleicht am offensichtlichsten am Beispiel der Sexualität zu erkennen ist. Allgemein repräsentiert das HARA somit ein Zentrum von „Vitalität" („Lebenskraft") und psychovegetativem Wohlbefinden überhaupt.

Im AIKIDO ist das HARA, die Mitte des Menschen, eine äußerst wichtige Komponente, worauf in der Grundschule bereits geachtet werden soll. Aus dieser Mitte sollen alle Handlungen und Bewegungen ausgeführt werden, aus diesem Zentrum schöpft der AIKIDOKA die Kraft, mit der er seine Techniken ausführt. Nicht nur in der Ausführung der einzelnen Techniken des AIKIDO bedeutet kein HARA oder keine Mitte zu haben, daß der Ausführende seine Techniken unsauber, sprich instabil ausführt (der Interaktion fehlt die Energie), im übertragenen (psycho-somatischen) Sinne bedeutet dieses „Aus-dem Gleichgewicht-sein“ eine unzureichende Persönlichkeitsreife im Sinne von mangelndem „In-sich-ruhen“ und/oder mangelndem „Aus-sich-heraus-gehen“, also mangelnder Zentriertheit und Integration der Person.

Das HARA bildet gewissermaßen einen Schnittpunkt in der geistigen und körperlichen Entwicklung des Menschen und damit ein wichtiges Energiezentrum (vgl. die entsprechende Bedeutung von Energiezentren in anderen Kulturkreisen und spirituellen Traditionen, z. B. die der Chakren in der Yoga-Tradition). Gerade für das AIKIDO, bei dem aus dem HARA, dem Zentrum der KI-Kräfte, die Energie für die Bewegungen freigesetzt werden soll, ist eine Konzentration in die eigene Mitte unausweichlich.

Ein Beispiel aus dem Alltagsleben möge dies veranschaulichen: Niemand trägt einen Getränkekasten mit ausgestreckten Armen, weg vom Körper. Er wird die Last möglichst nahe am Körperzentrum halten, um sich fortzubewegen. Ebenso arbeitet auch der AIKIDOKA: Er setzt sein Körperzentrum am gewinnbringendsten ein.

Stehen im HARA

3.2. Entfaltung von Ki

Etymologisch soll das sinojapanische Schriftzeichen für Ki jene Energie veranschaulichen, die den Deckel eines erhitzten Kochtopfes anhebt.

Ki wurde schon immer mit Lebensprozessen in Verbindung gebracht. Überall, wo Leben und Wachstum ist, da ist Ki. Es fließt innerhalb der mikro- und makrokosmischen Lebenssysteme. So wie der Blutkreislauf bzw. -strom hormonelle Informationen und physikalische Nährstoffe verteilt, so sammelt und verteilt der Ki-Strom Vitalität und Empfindsamkeit an sich.

Innerhalb der unmittelbaren Grenzen des menschlichen Körpers ist das Wirken von Ki am offensichtlichsten, wie ein einfaches Experiment zeigt. Wählen Sie eine Fingerspitze aus als Objekt Ihrer Konzentration. Dann konzentrieren Sie sich für eine oder zwei Minuten voll und ganz auf und in diese Fingerspitze (so induzieren Sie Ki). Mit der Zeit registrieren Sie eventuell zunehmende Wärme und Sensibilität, da anscheinend Ihre Aufmerksamkeit die Blutzirkulation und neurale Aktivität erhöht hat, wobei man das letztlich „Bewirkende" (griechisch: energeia) Ki nennen könnte.

Ki in Form von Aufmerksamkeit „überbrückt" also zwischen Geist und Körper (Verhalten), „über"- und vermittelt und führt letztendlich zur Verwirklichung einer Intension. Ki kann wie Aufmerksamkeit „weggegeben" („geschenkt" oder „angezogen") werden, auch über die körperliche Begrenzung hinaus, z. B. wenn Sie etwas interessiert. Es kann ebenfalls fokussiert, konzentriert oder zerstreut werden.

Ki kann man sich ähnlich Radiowellen zwischen Menschen vorstellen – man sagt ja auch: „auf gleicher Frequenz oder Wellenlänge sein" mit jemandem oder mit der Umwelt. Dann kann man sich vielleicht auch ausmalen, daß ein geeigneter Sender (der fähig ist, seine Aufmerksamkeit stark zu bündeln und in einem „gerichteten Strahl" nach außen zu richten) und ein „sensibler Empfänger" (der fähig ist, seine Sensoren für solch gerichtete Aufmerksamkeitsbündel zu öffen) einen Kontakt herstellen jenseits der üblichen fünf Sinnesorgane.

Ein anschauliches Beispiel zur Verdeutlichung des Gemeinten ist die psychische Funktion der Intuition. Zwar ist diese in unserer rationalistischen Welt die am meisten vernachlässigte Funktion, aber viele haben wohl schon einmal das Gefühl gehabt, daß „irgendwas in der Luft liegt", ohne im Moment angeben zu können, was einen berührt oder woher das Gefühl kommt. Bei den Schwertkämpfern des feudalen Japan galt es, die Fähigkeit der Intuition besonders für die sogenannte „Mordluft" (japan. Sak-ki) zu schulen (im Interesse des Überlebens). Das Sak-ki geht vor allem von einem Menschen aus, der heimlich oder offen den Gedanken, jemanden zu töten, in sich trägt, und die Erfahrung dieser Absicht des anderen vollzieht sich auf intuitivem Weg. (In dem Film „Shichi-nin-no samurai", dt. „Die sieben Samurai" von Akira Kurosawa, wird eine solche Situation gezeigt.) Auch das „Erahnen" der Absicht z. B. des Angreifers im Aikido bzw. die Fähigkeit des unmittelbaren Reagierens (sei es bei Uke, sei es von Nage) hängt hiermit zusammen.

KI hat also immer zwei Aspekte:

- eine „kraftvolle“ (dynamische, aktive) Qualität: „Energie“, „Ladung“, „Vitalität“ usw. und
- eine „sensible“ (rezeptive, passive) Qualität: Empfindsamkeit, Sensibilität, Bewußtheit, Gewahrsein usw.

Oft findet man eine Überbetonung des einen unter Vernachlässigung des anderen Aspektes. Beide sind jedoch gleich wichtig!

Fünf Prinzipien sind für die Entfaltung von KI in der Übungspraxis wie im Alltagsleben von Bedeutung:

1. Rechtes Verhältnis von Spannung und Lösung („Loslassen“)

Entspanne Deinen Körper völlig ohne zu kollabieren (Erschlaffung) und ohne Deine „energetische Ladung“ zu verlieren. Eine solche Entspannung ist nur möglich mit einem wachen Geist: Sie erlaubt dem Körper sich zu regenerieren, ohne an Kraft oder Reaktionsbereitschaft zu verlieren. „Loslassen“ ist keine Schwäche, sondern eine Stärke und macht die „Durchlässigkeit“ des Leibes für den Fluß von KI aus. Loslassen zu lernen ist zudem eine der Grundbedingungen zur Erlangung einer friedfertigen Gesinnung.

2. „Aufrichtung“ und „Erdung“

Folge in der Aufrichtung der Schwerkraft. Diese hält das Gewicht des Körpers (oder seiner Körperteile) unten – das ist der zentripetale Aspekt der KI-Energie. Die zentrifugale Kraft der Erdrotation richtet ihn auf. Laß Dein Gewicht so natürlich „fallen“, daß Du Dich nicht unangenehm schwer oder träge anfühlst. Dies wäre eher ein Zeichen für „absacken“ oder kollabieren, wie es z. B. beim Erschöpfungs- und depressiven Syndrom der Fall ist. Der Schwerkraft folgen (sich „erden“ oder „niederlassen“) heißt: Sich sowohl der Schwerkraft als auch der Aufrichtungskraft anzuvertrauen, letztlich sich „ins rechte Lot“ zu bringen (wie bei FUDO-NO SHIZENTAI beschrieben).

3. Zentrierung im HARA

Das HARA ist – wie wir schon gesehen haben – eine der „Nahtstellen“ zwischen Geist und Körper. Bringe Deinen Geist zur Ruhe, indem Du Dich im HARA kon-zentrierst. Lerne auf diese Weise eine innere Einstellung und Konzentration zu bewahren, in der nichts Deine Verfassung stört. Eine zentrierte und entspannte Körperhaltung reflektiert eine entsprechende geistige Verfassung und Haltung. Bleibe innerlich so ruhig, daß Du jederzeit Deine volle Energie (KI) entladen und einsetzen kannst.

4. Die Entfaltung von KI durch die Atmung (KOKYO-RYOKU)

Diese unsere innerste, zentrierte Energie muß die Ausführung aller Bewegungen im AIKIDO „beseelen“ – das charakterisiert AIKIDO be-

sonders! Man muß auf dem AIKI-Weg lernen, sie wahrzunehmen, zu spüren, zu entwickeln, zu lenken und zu führen. Die Übungen des AIKIDO – speziell auch durch die Koordination von Atmung und Bewegung – zielen darauf ab. Betrachtet man KI als eine Art „fundamentale Lebenskraft", dann ist der Zusammenhang mit der Atmung offensichtlich. Mit der Atmung beginnt und endet unser Leben.
Alle Bewegungen, Aktionen oder Interaktionen werden im Laufe der Zeit mit dem Atem versucht, in Übereinstimmung, in Konsonanz zu bringen. Im AIKIDO bildet die Atmung sozusagen das „einende Band" zwischen den körperlichen Bewegungen und der angestrebten geistigen Verfassung einerseits. Andererseits dient sie der Koordination der unterschiedlichsten Kräfte, die dem Menschen zur Verfügung stehen, bzw. die auf ihn einwirken und von ihm ausgehen. Mittels der Atmung werden eigene Bewegungsabläufe koordiniert, flüssig und kraftvoll, oder auch eigene Bewegungen mit solchen eines Partners.
Atem- und Bewegungsrhythmus stimmen im optimalen Fall völlig überein, je nach Situation mehr „ausladend" und „strömend" (TENKAN bzw. Kreisbewegungen: AIKI) oder mehr „konzentriert" und „explosiv" (IRIMI), wobei letzteres mit einem Schrei verbunden sein kann (KIAI). Dieser Schrei wird nicht nur in der Kehle artikuliert, sondern hat seinen Ursprung tief in der Lunge, kann also auf Dauer nur bei korrekter Bauch- und Zwerchfellatmung ausgestoßen werden. Man sagt, er muß „aus dem Bauch" kommen (HARA-GOE = Bauchstimme). Ein richtiger KIAI ist ebenso tief wie laut, ebenso klar wie nachdrucksvoll im Klang als Ausdruck der stimmungsmäßigen und geistigen Verfassung und Zentrierung, eben frei von jeglicher „Abschnürung".
Die Gesamtkraft, die aus der Koordination von Geist und Körper durch die Atmung resultiert, nennt man auch KOKYU-RYOKU = die Kraft der Atmung bzw. Strom der Atemkraft. Sie zu entfalten, wird bei den Atemkraftübungen geübt. Mit ihrer Hilfe andere Menschen zu führen, nennt man KOKYU-HO. Mit ihrer Hilfe den Partner zu werfen, nennt man KOKYO-NAGE.
„Man kann sagen, daß AIKIDO ein Weg ist, alles Übel hinwegzufegen mit der Aufrichtigkeit eures Atems anstatt mit einem Schwert". (M. Ueshiba nach K. Ueshiba 1963)

5. Laß Deine KI-Energie jederzeit nach außen strömen

Das HARA gilt als „das Meer des KI" (KIKAI-TANDEM). So wie Quellwasser stets frisch und mit unverminderter Stärke aus einer Quelle hervorströmt, so sollte Deine „Grundenergie" stets aus dem Mittelpunkt nach außen strömen. Solange die Quelle fließt, bleibt das Wasser rein und frisch. Abgestandenes Wasser wird leicht trüb oder faul. Ebenso soll das KI ständig lebhaft und ungehemmt, kraftvoll und unverborgen durch alle Körperteile nach außen fließen, ja sogar durch den Glanz der Augen (nach K. Ueshiba 1963). Das nennt man im AIKIDO „KI-NO NAGARE". Dieser Vergleich mit dem fließenden Wasser veranschaulicht zugleich, wie wichtig es ist, stets locker (durchlässig) in Muskeln und Gelenken zu sein. Steife Gelenke und verhärtete Muskulatur sind wie „Engpässe" auf dem Weg dieser Energie nach außen. Sind die Durchgänge verstopft, wird auch der Kraftfluß gebremst und sogar gestoppt.

Psychologisch bedeutet dies: Sei nicht auf Deine körperliche oder irgendwelche psychischen Begrenzungen (z. B. Befürchtungen) fixiert. Laß die zentrifugale KI-Kraft voll zur Entfaltung kommen, indem Du Dich sowohl körperlich ausdehnst (öffnest) als auch vor allem psychisch. Es ist wie das Balancieren eines Stockes auf einer Fingerspitze: Wenn Du Dich dabei auf die Fingerspitze konzentrierst und dementsprechend Deinen Blick dort fixierst statt auf das obere Stockende zu richten, wird der Stock bald aus dem Gleichgewicht geraten, und Du wirst in Deiner Fähigkeit des Ausbalancierens (zum unmittelbaren Reagieren) sehr eingeschränkt. Dasselbe geschieht, wenn andere Menschen Dir zusehen (z. B. in einer Prüfungssituation) und Du dabei zu sehr um Erfolg (Anerkennung) bemüht bzw. ängstlich bist. Du könntest Dich bei Mißerfolg blamieren. Statt dessen vergiß Deinen Körper, vergiß alle Erfolgs- und Effekthascherei (wozu auch?) und genieße die Aufgabe, indem Du Dich ihr ganz und gar hingibst. Daraus resultiert eine Form „spontaner Konzentration", die, wenn Du ihr folgst, sich von allein dem oberen Stockende zuwenden wird (Du wirst unwillkürlich dorthin schauen) und Deinen Körper locker und reaktionsfähig hält. So wird auch Dein KI ungehemmt nach außen fließen!

Im folgenden Übungsbeispiel kann man alle hier beschriebenen Prinzipien selbst erproben und erfahren.

Hinweise zu den nun folgenden Übungen und zu den Abbildungen

Allgemeine Hinweise sind durch das Zeichen ▷ gekennzeichnet.

Hinweise zu möglichen Gefahren oder Schmerzzufügungen erfolgen durch das Zeichen **!**

Die Bewegungsabläufe sind bis auf Ausnahmen von links nach rechts, auch über mehrere Seiten gehend, zu lesen.

Parallele Bewegungsabläufe, zum Beispiel OMOTE und URA, erfolgen jeweils als obere und untere Bildreihe.

Teilweise gibt es auch drei parallele Abläufe, unter Umständen nur über bestimmte Phasen. Dabei sind gleiche Phasen grundsätzlich übereinandergestellt.

Der Hinweis auf die jeweils folgende Phase erfolgt mit einem Pfeil (→). Bei bestimmten Abläufen werden einige Phasen nicht ausgeführt. Dann erfolgt der Hinweis auf die nächste Phase durch zwei Pfeile (→→). Das Ende eines Bewegungsablaufes ist durch einen Punkt (•) gekennzeichnet.

KOKYU-HO aus dem ZA-HO (Atemkraftübung im Sitzen)

Ausgangsposition
Frontal im Fersensitz gegenübersitzend, beide Handgelenke gefaßt (RYOTE-TORI).
Führen Sie die Hände vom eigenen Mittelpunkt in Richtung Schultern des Partners. Die Arme beschreiben eine schraubenförmige Bewegung, so daß die Kraft des Partners außen am Arm abgleitet. So kann die Bewegung ungehemmt ausgeführt werden.

Ausgangsposition
Nage und Uke einander im Fersensitz (ZA-HO) gegenübersitzend, Uke faßt Nages beide Handgelenke (RYOTE-TORI).

Nage führt beide Arme vom eigenen Mittelpunkt in Richtung Schulter des Partners. ↓

Nage bringt Ukes Schwerpunkt seitwärts aus dem Gleichgewicht. →

Nun gelingt es auch, den Schwerpunkt des Partners seitwärts aus dem Gleichgewicht zu bringen. Dabei wird die linke Hand schräg nach links unten geführt, während gleichzeitig die rechte Hand in Richtung Schulter des Partners schiebt. So kommt der Partner nach rechts aus dem Gleichgewicht und wird früher oder später ganz umfallen.

Nun dreht der Übende seinen ganzen Körper nach links (dabei das rechte Knie nach links übersetzen), so daß der Partner – am Boden liegend – unter Kontrolle gehalten werden kann.

▷ *Während der ganzen Übung ausatmen! Anfänglich nur bei lockerem Griff und in ständigem Wechsel nach links und rechts in einem guten Rhythmus üben. So entwickelt man ein Bewegungsgefühl, übt einerseits ein Bewegen auf den Knien und andererseits die Kraft im Fluß zu halten.*

▷ *Wende keine rohe Gewalt an, wenn der Partner gut und fest sitzt, sondern halte die Gelenke locker und die Hand geöffnet (keine Faust).*

▷ *Der eigene Körperschwerpunkt soll tiefer liegen als der des Partners!*

In dieser Übung kann man auch als Uke besonders gut üben, die Kraft des Partners kommen zu lassen, aufzunehmen und zu akzeptieren. Ohne mit den Armen Widerstand zu leisten, kann man so lange wie möglich sitzen bleiben, durch die Tatsache, daß der Körpermittelpunkt tief gehalten wird.

SUWARI WAZA KOKYU-HO ist eine ausgezeichnete und schwierige Übung für beide.

Nage bringt Uke seitwärts zu Fall. →

Nage hält Uke (in Rückenlage) unter Kontrolle. ●

3.3. Fallschule

Fallschule bedeutet das richtige Fallen in einer Vorwärts-, Rückwärts- oder Seitwärtsbewegung, ohne sich dabei Verletzungen zuzuziehen. Im Anfängertraining wird auf die Fallschule besonderen Wert gelegt, denn jede AIKIDO-Technik endet damit, daß Uke sich in irgendeiner Weise am Boden vorfindet: sei es als Abschluß einer Haltetechnik oder einer Wurftechnik.

Im AIKIDO unterscheidet man zwischen einem harten (freien) und einem weichen Fallen. Letzteres wird von den Anfängern praktiziert, ersteres ist den höhergradigen AIKIDOKAS vorbehalten. Für viele Neulinge des harmonischen Weges ist das Fallen eine sehr schwierige Übung, und nicht nur älteren Menschen fällt das Sich-Loslassen und Sich-Fallen-Lassen oft schwer. Es spiegelt nicht gerade täglichen Gebrauch wider, sich kopfüber zu Boden zu senken und eine Rolle auszuführen. Wenn im Alltag jemand „fällt" bzw. hinfällt, dann verknüpfen sich mit dieser Vorstellung meist unliebsame Eindrücke wie ein Sturz vom Fahrrad, ein Ausrutscher auf der Treppe usw., ganz abgesehen von den möglichen psychologischen Gründen der Fallangst. Daß dem Anfänger des Aikido zuerst diese Fallangst genommen werden muß, ist selbstverständlich. Die sichere Beherrschung der Fallschule ist das A und O eines AIKIDOKA. Sie bedeutet nicht nur größtmögliche Vermeidung und Verhinderung einer Verletzung, sondern zeigt dem Aikidotreibenden ebenso, inwieweit er selbst körperlich und psychisch gelöst (= unbewußtes Agieren) und frei von den äußeren Umständen (= jeder Art von Technik) ist. Die Fallschule wird somit zu einem guten Spiegel des Schülers auf dem Weg zur Einheit von Körper und Geist.

Rückwärtsrolle (USHIRO-UKEMI)

MIGI-KAMAE Ausgangsposition für die Rolle rechts rückwärts aus dem Stand.

Die Rückwärtsrolle entspricht in ihrem Wesen genau der Vorwärtsrolle – und umgekehrt, in etwa so, wie wenn ein Film vorwärts und rückwärts abgespult werden würde. Nage steht in MIGI-KAMAE Ausgangsposition, d. h. rechter Fuß steht vorn. Nage winkelt nun das linke Bein ab und senkt seinen Körper nach unten. Nun rollt er über die rechte Schulter ab. Die linke Hand unterstützt den Rollvorgang. Nach der Rolle steht Nage auf und richtet sich wieder in MIGI-KAMAE Ausgangsposition aus.

Senken des Körpers. →

Querlegen des hinteren linken Beines. →

Schwingen des rechten Beines über die rechte Schulter. →

Rolle diagonal über den Rundrücken.

Vorsetzen des linken Fußes zum Aufstehen. →

Abschluß der Rolle im Stand in der Ausgangsposition (Hidari Kamae). ●

▷ *Winkeln Sie Ihr linkes hinteres Bein an und senken Sie Ihren Körper durch Querlegen des linken Unterschenkels.*
▷ *Setzen Sie Ihren Körper ab, und bilden Sie mit der Rundung des Rückens und des rechten Armes einen Spannungsbogen (Kopf nach links legen).*
▷ *Rollen Sie sich diagonal über den Rundrücken ab.*

Vorwärtsrolle (MAE-UKEMI)

Nage steht in Ausgangsposition MIGI-KAMAE, d. h., der rechte Fuß steht vorne. Nun beugt er seinen Oberkörper und setzt seine rechte Hand auf die Matte. Diese wird vor dem vorderen Fuß aufgesetzt, Hand- und Armaußenkante bilden mit dem Rücken einen runden Spannungsbogen. Nage bringt nun sein Körpergewicht nach vorne und rollt über den rechten angespannten und runden Arm ab. Bei der rechten Vorwärtsrolle nimmt Nage den Kopf etwas nach links (und umgekehrt, damit er beim Rollen nicht im Weg ist). Um nicht zur Seite hin abzukippen, kann der Anfänger die linke Hand zur Unterstützung des Rollvorgangs gebrauchen. Nach der Rolle erreicht Nage wieder die Ausgangsposition im Stand (= Umkehrung der Rückwärtsrolle).

Nage steht in Ausgangsposition (MIGI KAMAE) für die Fallschule rechts vorwärts.

Nage setzt seinen rechten Arm vor dem rechten Fuß auf die Matte. →

Nage bringt sein Körpergewicht auf den rechten Arm. →

Übergang in die Ausgangsposition. →

Abschluß der Rolle rechts vorwärts im Stand (MIGI KAMAE). ●

Nage rollt über den angespannten Arm quer über den Rücken zur linken Körperseite.

Seitliche Rolle (Yoko-Ukemi)

Ist es nicht möglich, aus der Vorwärtsfallsituation in den Stand zu rollen, dann kann man nur eine Yoko-Ukemi-Landung ausführen. Nage nimmt die Grundstellung ein, d. h., beide Füße stehen nebeneinander. Um die seitliche Fallschule nach rechts auszuführen, schiebt Nage sein rechtes Bein weit nach links. Nun bilden Fuß- und Beinaußenkante und die Seitenlinie des Rumpfes einen leichten Spannungsbogen. Darauf senkt er sein Körperzentrum langsam ab, so daß er auf seiner rechten Körperaußenseite zum Liegen kommt. Gleichzeitig mit dem Aufliegen seines Körpers schlägt Nage mit der rechten Hand und Unterarm (Unterseite) vor seinem Körper auf der Matte ab. Nages Kopf darf den Boden nicht berühren. Nage sollte seinen Kopf schützen, indem er ihn zur linken Schulter wendet.

Ausgangsposition im Stand für seitliche Fallschule nach rechts.

Nage schiebt sein rechtes Bein weit nach links. →

Nage senkt sein Körperzentrum langsam ab.

Nage landet auf der rechten Körperaußenseite, schlägt mit rechter Hand und Unterarm ab und gelangt in die Abschlußlage am Boden, wie sie auch nach MAE-UKEMI vorkommt, wenn Nage Uke nicht abrollen läßt. •

4. Spezielle Grundlagen zur Praxis des AIKIDO

In diesem Kapitel wird versucht, den typischen Verlauf einer Inter-Aktion zwischen dem Angreifer (Uke) und dem Verteidiger (Nage) hinsichtlich ihrer grundlegenden Aspekte und Elemente zu „zerlegen".

Man beachte jedoch, daß diese „Zerstückelung" lediglich zu didaktischen Zwecken erfolgt, jede AIKIDO-Technik aber in sich ein unteilbares Ganzes ist.

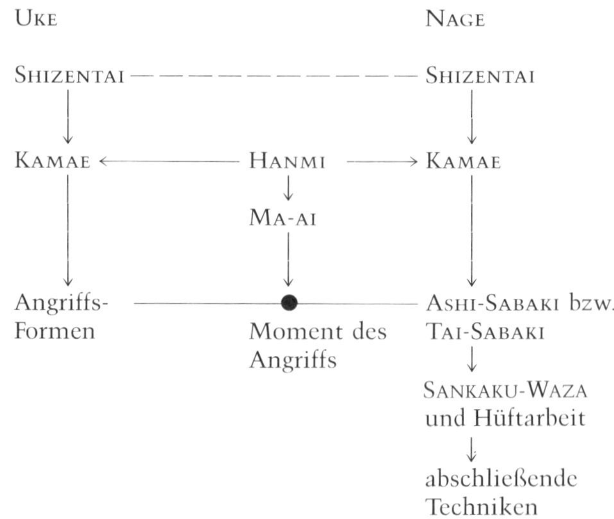

4.1. Grundstellung (KAMAE)

Die Ausgangs- und Grundstellung im AIKIDO ist eine sowohl aus dem natürlichen Gehen als auch aus den Notwendigkeiten des Schwert- und Stockkampfes abgeleitete Stellung, wobei es grundsätzlich zwei Möglichkeiten gibt:

- die Links-vorwärtsstellung (HIDARI-KAMAE), bei der der linke Fuß ungefähr eine halbe Schrittlänge vor dem rechten steht, und
- die Rechts-vorwärtsstellung (MIGI-KAMAE), bei der der rechte Fuß etwa einen halben Schritt vor dem linken steht.

Für die Links- (und entsprechend seitenverkehrt für die Rechts-) Vorwärtsstellung gilt folgendes zu beachten:

- Die Fersen stehen in etwa auf einer Linie in Richtung des Angreifers,
- der Körper (Rumpf) ist vorzugsweise etwas abgedreht, bietet also minimale Angriffsfläche,
- die Position der Hände entspricht immer der der Füße, d. h. linker Fuß und linke Hand vorn, oder rechter Fuß und rechte Hand vorn,
- legt man in beide Hände einen Stock, so muß dessen Spitze in die Magengegend des Partners zeigen,
- die gesamte Haltung des Körpers soll flexibel sein, d. h. ohne Verspannung, und bereit zu jedem Wechsel; deshalb vor allem die Knie locker halten (nicht durchgestreckt!),

- die Stellung muß ein optimales Verhältnis zwischen Stabilität und Beweglichkeit aufweisen, und schließlich,
- wenn man richtig auf das Hara (Unterbauch) konzentriert ist und das Ki nach außen „schickt", wird man Sie in keiner Form der Grundstellung (Kamae) anheben können; das Ki muß durch die Gliedmaßen (Arme und Beine) nach außen fließen, dann wird der Angreifer selbst die Arme nicht beugen können (Orenai-Te).

Diese Grundstellung ist eine sehr gute Übung für das Erspüren des Ki-Flusses.

Kamae (hier: rechts vorn = Migi-Kamae)

Kamae mit Stock zur Veranschaulichung der Handhaltung (Kraftrichtung und Ausrichtung)

4.2. Position zueinander (HANMI) und richtiger Abstand (MA-AI)

Einem Angreifer stellt man sich immer in MIGI- oder HIDARI-KAMAE gegenüber. Andere Positionen sind für AIKIDO-Bewegungen weniger gut geeignet. Auch wird es immer in Nages Bestreben sein, einen Angreifer niemals im Rükken zu haben.

HANMI

Grundsätzlich unterscheidet man zwei Formen:

1. AI-HANMI: beide Partner stehen entweder rechts oder links vorn (punktsymmetrische Position zueinander)
2. GYAKU-HANMI: einer steht rechts vorn, der andere links vorn oder umgekehrt (achsensymmetrische Position zueinander).

Anfänglich halte man es so, daß sich der Angreifer bei einer bestimmten, vorgegebenen Angriffsart nach dem KAMAE des Verteidigenden richtet. Später erübrigt sich diese Übereinkunft, denn erstens lassen sich nahezu alle Techniken sowohl in AI-HANMI als auch in GYAKU-HANMI ausführen, und zweitens sind beide durch nur einen Schritt schnell ineinander überführbar.

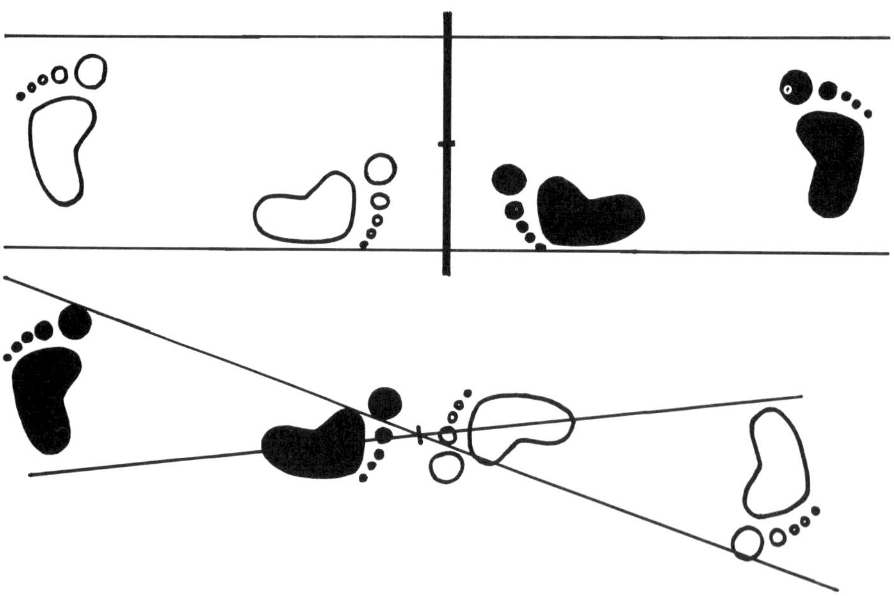

Ma-Ai

Ma-ai meint die situationsgemäße Distanz zum Partner vor und während einer Aktion. Jede Technik erfordert ihre ganz spezielle Distanz, aber auch umgekehrt: Der jeweilige Abstand zum Partner erfordert eine ganz bestimmte Technik. Der Abstand kann also bereits entscheidend für den Ausgang der Interaktion sein.

Im Aikido spielt die richtige Distanz vor und während jeder Bewegung und Technik eine entscheidende Rolle. Ideal ist die Distanz zu Beginn einer Interaktion, wenn sie dem Verteidigenden einen Raum vorbehält, in dem er sich ungehindert bewegen und handeln kann. Der Aufmerksamkeitsfluß, der Strom des Ki, die Richtung der beiden und Ma-Ai stehen in engem Zusammenhang.

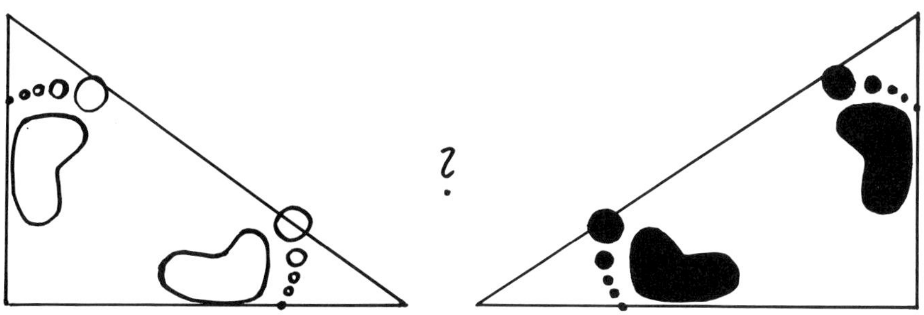

Zu großer Ma-Ai: kein Kontakt

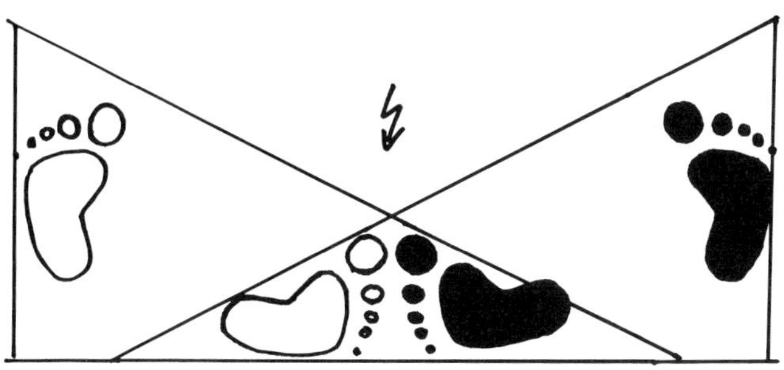

Zu wenig Ma-Ai: Kollision

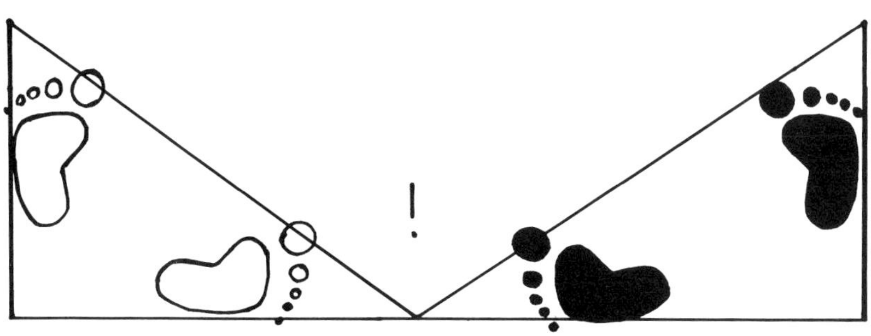

Korrektes Ma-Ai: guter Kontakt

Für den Anfänger wird die Entfernung vor dem Angriff dann als richtig erachtet, wenn die Hände der beiden Partner sich gerade berühren können.

Im Allgemeinen gilt:
▷ *Vor einer Aktion darf der Angreifer nicht zu nahe stehen, um nicht von einem Angriff überrascht zu werden.*
▷ *Nimmt man zusätzlich zur idealen Distanz noch gutes* Kamae *und* Hanmi *ein, wird die Überwindung der Distanz zum Angriff für einen (wirklichen) Angreifer ein schwieriges Problem sein.*
▷ *Die Verteidigung beginnt in dem Moment, in dem der Angreifer eine Aktion zur Überwindung der Distanz, also einen Angriff startet. Die Verteidigung muß im selben Moment beginnen. Dieser liegt vorzugsweise vor der Hautberührung.*

Die drei folgenden Bilder zeigen zwei Fälle von schlechter Ma-Ai (einmal zu großes Ma-Ai, dann kein Kontakt, ein anderes Mal zu wenig Ma-Ai, dann Kollision) und den Idealfall (korrektes Ma-Ai, dann guter Kontakt).

4.3. Grundschritte (Tai-Sabaki und Ashi-Sabaki)

Die japanischen Worte Tai (= Körper) und Sabaki (= Bewegung) bedeuten im Aikido die spezifische Art und Weise der Ortsveränderung, um einem Angriff zu begegnen. Sie erfolgen mittels bestimmter Fußbewegungen (Ashi-Sabaki).

Auf Folgendes ist beim Üben der Grundschritte besonders zu achten:
▷ *Die „Energie" im Sinne von Bewegungsabsicht und Sammlung geht sozusagen von oben durch die Beine in die Füße („Erdkontakt"), die Bewegung selbst von den Füßen aus durch die Beine nach oben. D. h., man muß sich erst „erden", ehe man sich bewegen kann. Der optimale Zustand wäre, wenn man jederzeit geerdet ist. Die Knie müssen dafür immer durchlässig und flexibel sein.*
▷ *Die „aufsteigende Bewegungskraft" wird im Unterbauch* Hara *gesammelt, um sich von hier aus (vor-, rück- oder seitwärts) horizontal fortbewegen zu können. Die Hüfte, die Mitte, darf sich nicht allzusehr auf- und abwärts bewegen. Dieses Bewegen auf einer Höhe erreicht man am besten durch die oben angesprochenen elastischen Knie.*
▷ *Der Kopf bildet den obersten Punkt der Bewegung. Er darf nicht zu weit nach vorn ge-*

schoben werden, um eine „Neigung“ oder einen „Ausschlag“ des Oberkörpers bei der Bewegung zu vermeiden.

- ▷ *Mit der Kopfhaltung hängt auch der rechte Gebrauch der Augen zusammen: Diese sind wachsam und aufmerksam (*Sanshin*), aber sie „stieren“ und fixieren nicht. Die Augen sollen „weich“ werden, indem die Augäpfel etwas in die Augenhöhlen „zurücktreten“ und der Blick sich somit in die Unendlichkeit richten kann. Auf der anderen Seite darf jedoch umgekehrt das „Feuer“ nicht aus den Augen verschwinden, d. h., sie dürfen die Vitalität und die Energie nicht verlieren.*
- ▷ *Der Atem und der Körper werden in einem optimalen Verhältnis von Spannung und Gelöstheit gehalten. Im* Aikido *gilt die Regel: ein unbewegter Geist in einem bewegten Körper. Dieser Zustand wird erreicht, wenn die Kraft im Unterbauch gesammelt ist durch die Konzentration auf das Hara. So bleibt der* Aikidoka *trotz körperlicher Bewegung innerlich (geistig) relativ ruhig.*

Die Gleitschritte Tsugi-ashi und Okuri-Ashi

Aus Hidari-Kamae oder Migi-Kamae drükken Sie sich derart mit dem hinteren Fuß ab, daß Ihr vorderer Fuß vorwärts gleitet und so Ihr Körper insgesamt vorwärts schießt. Vergessen Sie aber nie, das hintere Bein sofort nachzuziehen, so daß Sie nach dem Gleitschritt wieder in der Ausgangsstellung zum Stehen kommen. Diesen Schritt nennt man Tsugi-Ashi.

Entsprechend kann man Tsugi-Ashi auch rückwärts ausführen, indem man sich nun mit dem vorderen Bein abdrückt. Sie können aber auch durch eine Körperdrehung um die Körperlängsachse (ohne Schritt) sofort das Vorwärtsgleiten mit dem anderen Bein vorn üben. Dieses Drehen um die Längsachse (ohne Schritt) um 180 Grad nennt man Tenkai-Ashi; es ist ein wichtiges Element in verschiedenen Aikido-Techniken (z. B. Shiho-Nage).
Bei Okuri-ashi verfahren Sie bezüglich der Fußbewegungen gerade umgekehrt: Beim Vorwärtsgleiten wird zuerst der hintere Fuß herangezogen und dann der vordere vorgesetzt. Beim Rückwärtsgleiten ziehen Sie erst den vorderen Fuß zurück, ehe Sie den hinteren zurücksetzen.

Beide Gleitschritte lassen sich beliebig kombinieren und sind grundlegend für die Bewegung im Aikido.

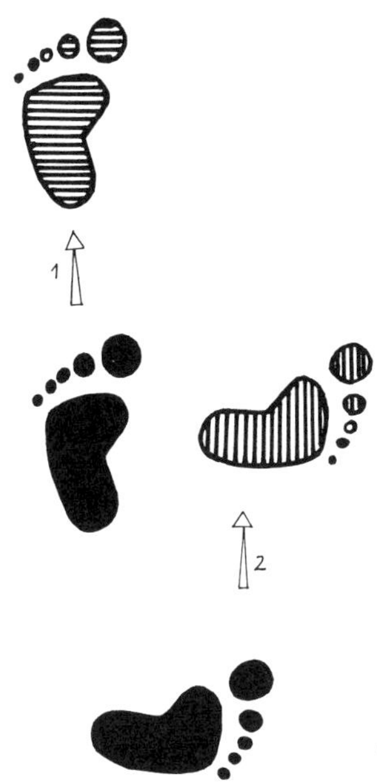

Tsugi-Ashi

Die Übersetzschritte Tenkan-Ashi und Ayumi-Ashi

Aus einer Rechts-Vorwärtsstellung drehen Sie sich linksherum um die Körperlängsachse, setzen diesmal jedoch gleichzeitig das linke Bein rückwärts, so daß Sie wieder in der Ausgangsstellung (Migi-Hanmi) stehen. Jetzt blicken Sie in die entgegengesetzte Richtung. Diese Körperdrehung, um 180 Grad durch Übersetzungen des hinteren Fußes rückwärts, nennt man Tenkan.

Tenkan-Ashi

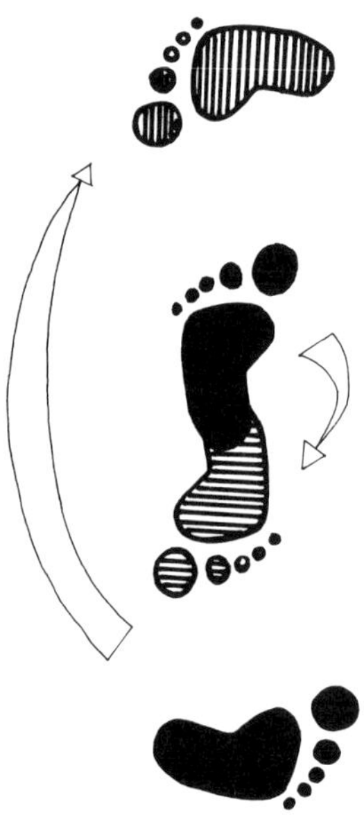

Die Schrittdrehung rückwärts (Tenkan) kommt sehr häufig in Verbindung mit Gleitschritten vor: Mit Tsugi-Ashi gleiten Sie von der Angriffslinie in die „tote" Seite von Uke, und mit Tenkan leiten Sie die Drehbewegung ein, in die Sie Ihren Partner einbeziehen. Diese Drehung ist sehr wichtig für viele Eingänge im Aikido. Greift ein Uke mit ziemlich viel Energie an, läßt Nage diese Energie durch die rückwärtige Ausweichbewegung ins Leere laufen, bevor er seine Technik ansetzt bzw. ansetzen kann. Diese Drehung des Körpers nimmt Uke erst einmal „den Wind aus den Segeln". Dann führt Nage die Energie wieder auf den Angreifer zurück.

Das Vorwärtsgehen durch Übersetzen des hinteren Fußes nach vorn nennt man Ayumi-Ashi.

Ayumi-Ashi

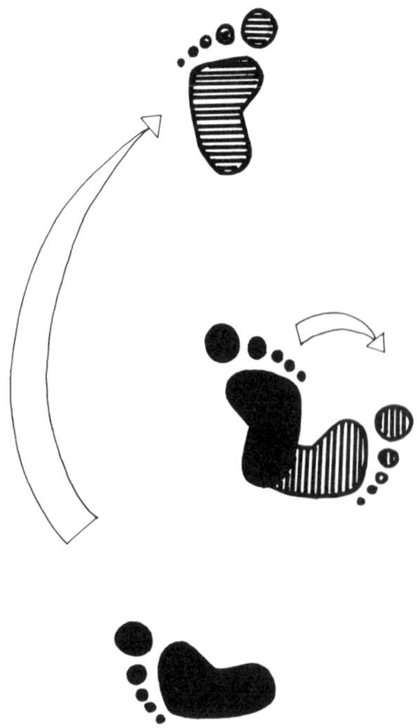

Wenn Sie aus einer Links-Vorwärtsstellung den rechten Fuß vorsetzen (Ayumi-Ashi) und an diesen Schritt Tenkan rückwärts (Tenkan-

Ashi) anschließen, dann haben Sie eine Körperdrehung durch zwei Schritte vollzogen. Diese Schrittfolge nennt man auch Irimi-Tenkan oder Tai-Sabaki.

Ayumi-Ashi + Tenkan-Ashi → Tai-Sabaki

Nach einem Irimi-Tenkan blicken Sie also immer in die entgegengesetzte Richtung wie zuvor und stehen in der entgegengesetzten Haltung. An Ihren Ausgangsstandort gelangen Sie wieder durch eine Irimi-Tenkan-Bewegung zurück, so daß Sie also sofort die andere Seite mitüben.

Machen Sie die ganze Bewegung als **eine** Bewegung, flüssig, und mit „scharfer, schneidender Hüftbewegung".
Tai-Sabaki, diese wichtige Ausweichbewegung des Aikido, ist dazu bestimmt, schnell eine große Distanz zwischen Uke und Nage zu schaffen. Durch diese Doppelschrittdrehung kann Nage seine Richtung nach Belieben verändern.

4.4. Irimi und Tenkan als Bewegungsprinzipien

Beim Üben der Grundschritte und deren Anwendung im Aikido wird man bald entdecken, daß alle Aikido-Aktionen letztendlich von zwei Bewegungsprinzipien durchdrungen sind:
1. Man kann mittels der Gleitschritte oder eines Übersetzschrittes *vorwärtsgehen*, geradlinig und direkt *eintreten* oder *eindringen* in den Aktions- und Kraftkreis des Angreifers: eine mehr aggressive und konfrontative Seite der Bewegung.
2. Man kann mittels der Tenkan-Bewegung (bzw. Irimi-Tenkan-Bewegung) quasi *heraustreten* aus dem Aktions- und Wirkungskreis des Angreifers, ihn *einbeziehen* in die Verteidigungsaktion auf eine *weiche und rhythmisch-fließende* Art und Weise: eine sehr nachgiebige, annnehmende und runde Seite der Bewegung.
Dieses Bewegungsprinzip nennt man Tenkan (wörtlich Ten: „sich drehen wie ein Rad", um so Kan, „Zwischenraum" zu gewinnen), jenes Irimi (wörtlich: Iru: „hineingehen", Mi: „in den Körper"). Irimi erfordert im Extrem einen Kiai (= Schrei), Tenkan „reines Aiki".

Irimi ist der kraftvolle „innere" Eingang. Er resultiert aus der Entschlossenheit, auf direktem und kurzem Weg eine Entscheidung und einen Abschluß der Situation zu suchen. Die Kräfte des Angreifers und des Verteidigers stehen im spitzen Winkel zueinander (s. Sankaku-Waza), Ukes Angriffs- und Bewegungskraft werden unter Ausnutzung labiler Gleichgewichtsmomente bereits in der Entwicklung gestoppt und umgelenkt. Im übertragenen, geistigen Sinn ist IRIMI Ausdruck für „Entschlossenheit im Handeln". Das Üben von IRIMI beinhaltet das Ziel, gewisse instinktive Reaktionen (z. B. bei einem Angriff zurückzuweichen und abzublocken) durch feinere und ausgefeiltere automatische Reaktionen zu ersetzen (z. B. durch eine Vorwärtsbewegung dem Angriff auszuweichen).

TENKAN steht für den das AIKIDO im besonderen charakterisierenden „äußeren" Eingang. Er verkörpert durch die Weiterleitung der Kraft auf eine verlängerte Kreisbahn und die geschickte Ausnutzung der dabei entstehenden labilen Gleichgewichtsmomente das Prinzip des Nachgebens par excellence. Im übertragenen Sinn steht TENKAN für den Ausdruck „rücksichtsvoller Harmonie". TENKAN verkörpert das Ideal des Umwandelns und der Neutralisation aggressiver Energien.

In allen AIKIDO-Bewegungen sind IRIMI und TENKAN als Bewegungsprinzipien enthalten, aber der Schwerpunkt kann mehr auf der einen oder anderen Seite liegen, je nach Person und Situation. Die individuelle Bevorzugung des einen oder anderen Prinzips ist nicht nur eine Frage der technischen Beherrschung, sondern liegt im Charakter und inneren Wesen einer Person begründet, und läßt somit Rückschlüsse auf diese zu. Besonders deutlich zeigt sich dieses Favorisieren eines Prinzips, wenn die Person durch die Situation in Bedrängnis kommt, d. h. wenn im AIKIDO mehrere Partner Nage angreifen (RANDORI). Diese Tatsache schließt jedoch nicht aus, daß beide Bewegungsprinzipien beherrscht werden müssen.

Eine AIKIDO-Aktion beginnt bereits in dem Moment, in dem ein potentieller Angreifer einen Schritt auf Sie zumacht oder sich in aggressiver Weise Ihnen zuwendet. Dieser Bewegungsimpuls beinhaltet alle Faktoren, die Sie benötigen, um seine Angriffsaktion zu neutralisieren.

Schwache Punkte eines jeden Angriffs sind hauptsächlich:

– sein Ursprung, wo der Angriff sich noch in der Entwicklung befindet; dies erfordert ein starkes Irimi,
– jenseits seiner maximalen Entfaltung, wo sich die Kraft zu zerstreuen beginnt; dies erfordert ein starkes TENKAN oder TAI-SABAKI (vgl. IRIMI-TENKAN).

Auf Folgendes ist bei der Anwendung der zwei AIKIDO-Prinzipien zu achten:

▷ *Begegne einem Angriff niemals im Moment seiner maximalen Kraftentfaltung.*
▷ *Gebrauche selbst ein Minimum an eigener physischer Kraft, um des Partners Bewegung zu führen (SEIRYOKU-ZENYO).*
▷ *Nimm dem Angreifer die Kontrolle über seine eigene Bewegung, indem du ihn aus dem Gleichgewicht bringst (KUZUSHI) und seine Kraft zerstreust.*

Gyaku-Hanmi Katate-Tori Kokyu-Ho

Ausgangsposition

Gyaku-Hanmi (Nage rechts, Uke links vorn)
Katate-Tori (Uke faßt ein Handgelenk von Nage mit einer Hand)

Irimi-Eingang durch Ayumi-Ashi (direkter „innerer" Eingang in Kokyu-Ho)

TENKAN-Eingang durch TENKAN-ASHI (indirekter „äußerer" Eingang in KOKYU-HO)

KOKYU-HO

4.5. Das Zusammenspiel der Kräfte

Wenn Sie einmal zwei Meister im AIKIDO sich bewegen sehen, dann werden Sie die kontinuierlichen Abfolgen von rhythmischen Bewegungen erkennen, teils geradliniger (IRIMI), teils kreis- und spiralförmiger Abläufe (TENKAN), ausgeführt in völliger Übereinstimmung oder Harmonie. In deren Mittelpunkt steht der Ausführende (Tori oder Nage), sein Gleichgewicht bewahrend und zugleich in subtiler Weise auf seinen Partner (den Angreifer) eingehend. Nage läßt Uke gewähren, und dennoch kontrolliert und führt er ihn. Diese kontrollierende Führung im AIKIDO ist zugleich geistig und physisch-funktionell. Das Zusammenspiel einiger dabei wirksamer Kräfte soll nun etwas genauer betrachtet werden.

Das Etablieren von Kräfte-Dreiecken (SAN-KAKU-WAZA)

Bereits in der Grundstellung (KAMAE) ist das „Dreiecksprinzip" in der Stellung der Füße zueinander vorhanden. Diese stehen in einem spitzwinkeligen Dreieck zueinander. Bei der Beschreibung des IRIMI-Bewegungsprinzips wurde schon erwähnt, daß die Kräfte von Angreifer und Verteidigenden im spitzen Winkel einander zugeordnet sein müssen. SANKAKUWAZA als ein Prinzip der führenden Kontrolle über Uke heißt, niemals in direkter Opposition zu der Kraft des Angreifers zu stehen.

Aus der Mechanik ist bekannt, daß man bei Körpern Ortsbewegungen vornehmen kann, ohne in direkte Opposition (also nicht direkt dagegen) zu gehen, und dies sogar mit einem geringen Kraftaufwand: nämlich indem man ein Kräfte-Dreieck (Teil eines Kräfte-Parallelogramms) etabliert und Hebelgesetze nutzt. Dies ist auf physikalischer Ebene ein Beispiel für SANKAKU-WAZA.

Im AIKIDO bedeutet SANKAKU-WAZA:

- Der angreifenden Kraft auszuweichen,
- ein Kräftedreieck zu etablieren zwischen der eigenen Kraftlinie und der des Angreifers,
- über einen kurzen Hebel (IRIMI) oder einen langen Hebel (TENKAN) das Zentrum des Angreifers zu labilisieren (ihn aus dem Gleichgewicht bringen – KUZUSHI) und so kontrollieren und führen zu können.

Wie aus der Physik bekannt, würden sich die Kraftlinien nie treffen, wenn sie parallel verliefen. Für das AIKIDO heißt dies: Uke kann nicht unter minimalem Einsatz der eigenen (physischen) Kräfte maximal geführt und kontrolliert werden, wenn die Kräfte von Uke und Nage parallel verliefen. Erst durch SANKAKUWAZA wird der optimale Kontakt zu Uke gewonnen, um ihn zwingend und dennoch ohne Gewalt zu kontrollieren und zu führen. Dies gilt sowohl für die Eingangsbewegungen (IRIMI und TENKAN) als auch für die Ausführung der AIKIDO-Techniken.

Der Einsatz der Hüfte (Koshi)

Der Einsatz der Hüfte, die Hüftbewegung, bestimmt die Effizienz aller Aikido-Bewegungen und -Techniken.

– Über die Hüfte übertragen sich die Kräfte der (Fuß- und Bein-)Bewegungen auf den Oberkörper bis in die Arme und Hände. Diese Übertragung ist am besten bei aufrechtem Oberkörper und ausgeglichenem Spannungszustand des gesamten Leibes (Eutonus).
– Wenn beim Ausweichen von der Angriffslinie Nages Hüfte „aus dem Weg ist", ist er – bei aufrechtem Oberkörper – als Ganzes bereits aus dem Weg.
– Wenn die Hüfte sich „kraftvoll und scharf" bewegt, wird die gesamte Bewegung „kraftvoll und scharf". Wenn sie kurz und energisch ist, wird die Technik ebenso. Wenn sie fließend und weich ist, wird auch die gesamte Aktion davon bestimmt sein.

Die Hüfte ist also gewissermaßen das Koordinations-, Integrations- und Steuerungszentrum für alle Gliedmaßenbewegungen bzw. für die gesamtkörperliche Bewegung überhaupt. Diese Betonung des Hüfteinsatzes erfordert viel Aufmerksamkeit im Erlernen und Üben der Aikido-Bewegungen und -Techniken; und läßt sich als der eher technische Aspekt der Übung der Zentrierung im Hara verstehen. Lange Zeit wird der Anfänger im Aikido es anstatt mit Hüfteinsatz mehr mit Schultereinsatz versuchen, was ein Hinweis ist, daß er noch mehr auf seine Ich-Aktivität und -Kräfte vertraut als auf die Kräfte, die der Konzentration im Hara entspringen (Ki). Schultereinsatz bedeutet mehr ein „Machen", „Festhalten" oder „eine bestimmte Wirkung erzielen wollen", Hüfteinsatz dagegen ein „Kommen lassen", „Loslassen" oder „aus der Situation und dem Hara Entstehen lassen".

Die „dynamische Sphäre" von Zentrifugal- und Zentripetalkräften

Aus den zahlreichen kreis- und spiralförmigen Bewegungen des Aikido resultiert jene „dynamische Sphäre" (Kraftraum, Wirkungskreis, Atmosphäre) rund um Ihr Zentrum, wodurch sämtliche Angriffe geführt, kontrolliert und neutralisiert werden können. In dieser „dynamischen Sphäre" sind die Prinzipien der Zentrierung und Entfaltung von Ki sowie die der führenden Kontrolle und Kreisbewegungen vereint.
Mittels kreis- und spiralförmiger Bewegungen wird also versucht, die angreifende Kraft umzulenken und zu zerstreuen. Alle Bewegungen in Aikido (sind Sie einmal von der Angriffslinie gegangen) sind mehr oder weniger kreis- und spiralförmig, und sei es nur in der Bewegung der Hüfte oder einer Hand. Diese erscheinen so mühelos und sind doch so zwingend für den Angreifer, der förmlich in den „Sog" solcher Kreisbewegungen hineingerät und dadurch seiner natürlichen Mittel wie Kraft und Schnelligkeit vollständig beraubt (weil aus dem Gleichgewicht gebracht) wird, wohingegen Nage durch seine Vorwärtsbewegung zum Mittelpunkt dieser Kreisbewegung geworden ist, bis Sie Uke wieder mittels Zentrifugalkräfte, die durch diese Kreisbewegungen entstehen, aus Ihrer Kontrolle entlassen. Ziel ist

die endgültige Fixierung des Angreifers am Boden (Hebel- und Haltetechniken) oder das Werfen in einer Wurftechnik.
Durch diese Kreisbewegungen können gegnerische Kräfte aufgenommen (zentripetal führen) oder abgestoßen werden (zentrifugal führen). Die Strategie der Aikido-Aktionen beruht vor allem darauf, daß die aggressive Aktion des Angreifers über Kreisbewegungen, deren Mittelpunkt Nages Zentrum ist, neutralisiert werden. So können beide Partner in der Aikido-Interaktion „eins" werden.

Dynamische Sphäre am Beispiel Irimi-Nage

Unter dem natürlichen Bewegungsfluß versteht man im Aikido diese Wirksamkeit der Zentrifugal- und Zentripetalkräfte, die dem Außenstehenden einen Eindruck von runden und ästhetischen Techniken vermitteln. In der Natur findet man kaum gerade und rechtwinklige Formen. Kein Fluß gräbt seinen Lauf schnurgerade in die Landschaft, kein Stein ist rechtwinklig und glatt. Erst der Mensch brachte diese Eigenschaften durch Kultur in die Welt ein. Als Paradevergleich aus der Natur gilt für das Aikido der Tornado. Mit voller Kraft reißt er in runden Spiralbewegungen und einer kraftvollen Leere in seiner Mitte alles nieder, was sich ihm in den Weg stellt. Die unbeschreibliche Stärke dieser Naturerscheinung ist Sinnbild für die Zentrifugal- und Zentripetalkräfte des harmonischen Weges.

5. Das System der Aikido-Techniken

5.1. Das Gesamtsystem der AIKIDO-Techniken und Übungsformen

Die folgende Übersicht veranschaulicht sämtliche möglichen Übungsbereiche (Gruppen) und deren Kombinationsmöglichkeiten bzw. Überschneidungen im AIKIDO. Wie zu erkennen ist, sind die waffenlosen Körpertechniken (TAI-JUTSU) die allgemeine und wichtigste Grundlage für alle anderen Gruppen; deshalb stehen diese auch am Anfang der Schulung des AIKIDO. Die TAI-JUTSU enthalten bereits alle notwendigen und wichtigen AIKIDO-Prinzipien.

AIKI-KEN z. B. ist eine Anwendung des TAI-JUTSU auf die Schwert-Bewegungen und -Techniken, AIKI-JO entsprechend auf die Stock-Bewegungen und -Techniken. Schwert- und Stock-Techniken sind zugleich historisch die beiden wichtigsten Ursprungslinien des AIKIDO aus der Gruppe der Waffentechniken.

Übersicht der AIKIDO-Techniken

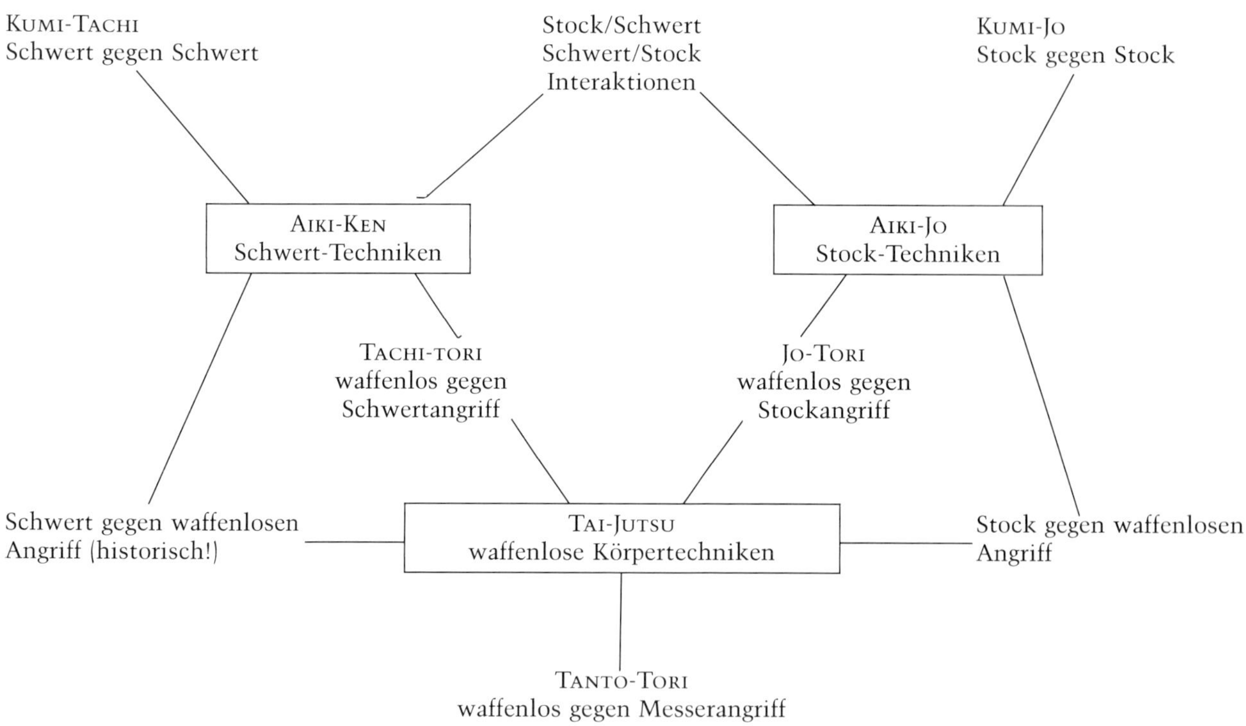

5.2. Die waffenlosen Techniken (Tai-Jutsu)

Im Aikido können die meisten waffenlosen Techniken sowohl im Stand als auch im Kniestand ausgeführt werden, oder so, daß Uke im Stehen angreift, während sich Nage auf den Knien bewegend verteidigt.

- Tachi-Waza: im Stand
- Hanmi-Hantachi-Waza: Uke steht, Nage kniet
- Suwari-Waza: beide im Kniestand

- Nage-Waza: Wurftechniken
- Osae-Waza: Hebel-Halte-Techniken als Übergang zum Boden und Fixierung am Boden.

- Kihon-Waza: Grundtechniken
- Henka-Waza: Variationen der Grundtechniken
- Kokyu-Waza: Atemkraft-Techniken
- Koshi-Waza: spezielle Hüfttechniken
- Kaeshi-Waza: Kombinations- und „Umkehr"-Techniken
- Taninzu-Waza: Techniken gegen mehrere Angreifer gleichzeitig

Aus dieser Gruppe der waffenlosen Techniken sind wiederum die der Grundtechniken diejenigen, die der Anfänger als erstes erlernt, und die die Grundlage aller anderen Aikido-Techniken bilden.

5.3. Die Grundtechniken (Kihon-Waza)

In diesem Buch werden wir uns auf die Darstellung der Grundtechniken beschränken. Sie umfassen:

Nage-Waza (Wurftechniken)
- Shiho-Nage
- Irimi-Nage
- Kote-Gaeshi
- Tenchi-Nage
- Kaiten-Nage (Uchi/Soto)

Osae-Waza (Hebel-/Haltetechniken)
- Ikkyo (Ude-Osae)
- Nikyo (Kote-Mawashi)
- Sankyo (Kote-Hineri)
- Yonkyo (Tekubi-Osae)

Steht Nage im Moment der Ausführung der Technik *vor* dem Partner, nennt man dies Omote, steht er dagegen im Moment der Ausführung einer Aikido-Bewegung *hinter* dem Partner, dann nennt man dies Ura.
Es gibt drei Möglichkeiten, Aikido-Techniken zu üben.

1. Ju-No Geiko (Ju = sanft, weich nachgiebig):
   Uke folgt der Bewegung des Partners (Nage) ohne Widerstand. Dies dient dem Erlernen des korrekten Bewegungsablaufs.
2. Go-No Geiko (Go = fest, hart):
   Nage führt die Technik aus, nachdem der Partner (Uke) fest zugefaßt hat. Diese Methode dient vor allem dem Training der Kokyu-Ryoku (Atemkraft).
3. Ryu-No Geiko (Ryu = fließend):
   Die Angriffsformen und die Verteidigungstechniken werden vorher festgelegt. Mein Ki erfaßt das Ki des Angreifers. Mit Hilfe meines Ki führe ich das Ki und die Bewegung von Uke. Hierbei muß bereits die Bewegung eingeleitet werden, ehe der Angreifer den eigenen Körper berührt. Die Bewegung des Partners wird in die eigene Bewegung aufgenommen und geführt.

5.4. Die wichtigsten Angriffsformen

Schwierigkeiten bereitet oft nicht nur dem Anfänger der Bruchteil einer Sekunde, der darüber entscheidet, ob ein Angriff gut aufgenommen wird oder nicht. Spielen doch in dieser kurzen Zeitspanne alle für das AIKIDO relevanten Aspekte eine entscheidende Rolle: Nages Entfernung zum Partner, seine Reaktionsfähigkeit, die Atmung, die sichere Ausführung der Techniken, sein HARA usw. Im Laufe des fortgeschrittenen Trainings werden die Bewegungen flüssiger und runder. Aus relativ statischem Angriff und Verteidigungsaktion beim Anfänger wird bald eine dynamische Bewegung.
Die Angriffsarten selbst lassen sich aus didaktischen Gründen wie folgt unterteilen:

Gruppe 1 – Fassen von vorn

AI-HANMI KATATE-TORI	Greifen einer Hand (AI-HANMI)
GYAKU-HANMI KATATE-TORI	Greifen einer Hand (GYAKU-HANMI)
KATA-TORI	Greifen einer Schulter
MUNE-TORI	Greifen der Jacke in Brusthöhe
KATATE RYOTE-TORI	Zwei Hände fassen ein Handgelenk
RYOTE-TORI	Beide Handgelenke ergreifen
RYO-HIJI-TORI	Beide Ellbogengelenke ergreifen
RYO-KATA-TORI	Beide Schultern ergreifen

(Außer KATA-TORI und MUNE-TORI sind alle Angriffe von vorn in AI-HANMI und in GYAKU-HANMI Ausführungen möglich.)

Gruppe 2 – Schlag und Stoßangriffe

SHOMEN-UCHI	Gerader Schlag gegen den Kopf
KATA-TORI MEN-UCHI	Schulter fassen und Schlag zum Kopf
YOKOMEN-UCHI	Schräger Schlag gegen den Kopf (Hals)
SHOMEN-TSUKI	Stoß in den Bauch (Nabelhöhe)
(CHUDAN/JODAN-TSUKI)	(Stoß in Brustbeinhöhe/Stoß z. Kopf)

(Außer KATA-TORI MEN-UCHI und YOKOMEN-UCHI können alle diese Angriffe sowohl in AI-HANMI als auch in GYAKU-HANMI ausgeführt werden).
Die dritte wichtige Gruppe der Angriffsarten bilden die Angriffe von hinten. Zum Üben dieser schwierigen Rückwärtsangriffe ist es anfänglich notwendig, im Training die jeweiligen Angriffsformen genau abzusprechen. Man hat ursprünglich instinktiv nur äußerst ungern jemanden im Rücken und schon gar nicht, wenn man einen Angriff von hinten erwartet. Beide Partner müssen deshalb zum Erlernen harmonisch zusammenarbeiten. Dazu gehört auch, daß die Absprache und die Verständigung zwischen beiden eingehalten werden. Ansonsten bleibt der Übungseffekt aus. Viele der bereits dargestellten Frontalangriffe finden sich auch in den Rückwärtsangriffen wieder, einige neue kommen noch hinzu.

Gruppe 3 – Angriffe von hinten

Ushiro Katate-Eri-Tori	Greifen mit einer Hand in den Kragen (vergleichbar Kata-Tori)
Ushiro Katate-Eri-Tori Men-Uchi	Greifen mit einer Hand an den Kragen und Schlag mit der anderen Hand gegen den Kopf (vergleichbar Kata-Tori Men-Ushi)
Ushiro Ryote-Tori	Greifen beider Handgelenke von hinten
Ushiro Ryo-Hiji-Tori	Greifen beider Ellbogengelenke von hinten

Ushiro Ryo-Kata-Tori	Greifen beider Schultern von hinten
Ushiro Katate-Kubi Shime Katate-Tori	Von hinten mit einer Hand ein Handgelenk fassen und mit der anderen Hand würgen.

Anfänglich werden die Rückwärtsangriffe statisch eingeübt, um sich über die Stellungen und die Schrittfolgen Klarheit zu verschaffen. Im Laufe der Zeit werden die Eingangsbewegungen immer dynamischer eingeübt. Für alle Rückwärtsangriffe gilt aber eine ungeschriebene Regel: Nage sollte sich den Rücken von Angreifern immer freihalten. Durch entsprechende Stellung (Hanmi) und Bewegungsstrategie kann Nage meist dafür sorgen, selbst die Angriffe von hinten von vorn einzuleiten.

Angriffsformen im Aikido

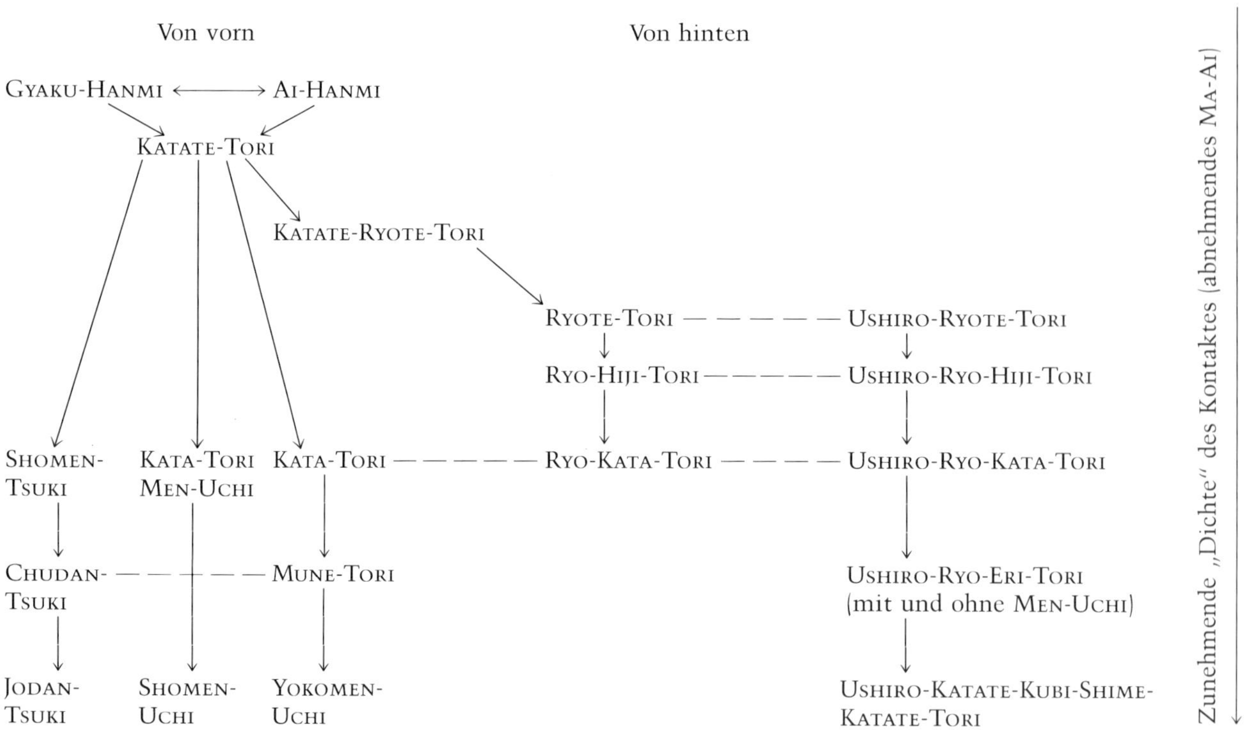

6. Die Hebel-Halte-Techniken

Ikkyo (Ude-Osae)
Nikyo (Kote-Mawashi)
Sankyo (Kote-Hineri)

Wie der Name sagt, geht es bei allen Osae-Waza darum, den Partner (Uke) mittels Hebelwirkungen am Arm zu Boden zu bringen und dort zu halten bzw. zu fixieren (= Osae). Hierfür gibt es vier grundsätzliche Methoden, wobei wir die 4. Form (Yonkyo) bei der 1. Form (Ikkyo) mitbehandeln, da sie sich nur im Abschluß unterscheidet. Neben ihren spezifischen Namen sind die Osae-Waza einfach von 1 bis 4 durchnumeriert. Die 5. Form, Gokyo, ist keine Grundtechnik, sie wird speziell bei Messerangriffen angewandt.

Aus didaktischen Gründen beschränken wir uns bei der Darstellung der Osae-Waza-Formen auf die Angriffsformen Ai-Hanmi Katate-tori und Shomen-Uchi. Dies deshalb, um einerseits den Unterschied zwischen Omote- und Ura-Ausführung zu verdeutlichen, andererseits, um am einfachen Beispiel zu zeigen, daß verschiedene Angriffsformen letztendlich gleich behandelt werden. Die exemplarische Darstellung an Beispielen soll das Prinzip verdeutlichen.

6.1. Ikkyo (Ude-Osae)

Ikkyo ist, wie die Bezeichnung schon andeutet, die erste Form (= Ichi-Kyo, zusammengezogen zu Ikkyo) zur Fixierung (Osae) eines Armes (Ude) von Uke und damit grundlegend für alle folgenden Formen, die mehr oder weniger darauf aufbauen. Als Basisform kommt Ikkyo auch ohne schmerzhafte Arm- oder Handgelenks-Hebelwirkung aus. Ikkyo ist auch deshalb als Einstiegsform für Anfänger gut geeignet.

Die in den folgenden Kapiteln 6 und 7 dargestellten Grundtechniken stellen jeweils eine von zwei Möglichkeiten dar. Sie können auch seitenverkehrt ausgeführt werden. Beim Erlernen müssen unbedingt beide Seiten geübt werden.

Ikkyo

Ikkyo-Undo

Vorbereitende grundlegende Solo-Übung für Nage

Ausgangsposition

Linker Fuß vorn, rechtes Bein gebeugt, Gewicht mehr auf dem hinteren Fuß, aufrecht, Hände zu Fäusten geballt.

Durch Strecken des hinteren und Beugen des vorderen Beines kommt das Gewicht genau in die Mitte; dabei beide Arme leicht gebogen im Halbkreis nach vorn oben schwingen, Finger geöffnet, etwa bis Augenhöhe. Ausatmen und Ki so stark vom Hara nach außen schicken, daß die Arme, obwohl muskulär relativ locker, nicht gebeugt werden können (Orenai-Te).

Arme im Halbkreis wieder nach unten und Hände neben Hüfte holen (dort Fäuste), Gewichtsverlagerung wieder auf den hinteren Fuß (hinteres Bein gebeugt, vorderes lang). ●

Ai-Hanmi Katate-Tori Ikkyo

Ausgangsposition

Ai-Hanmi (hier beide links vorn)
Katate-Tori (Fassen eines Handgelenks mit einer Hand)

Ura

Nage weicht von der Angriffslinie, indem er seinen hinteren, rechten Fuß nach vorn übersetzt in Ukes Außenseite (Rücken = Ura) bei gleichzeitigem Heben beider Arme (Ikkyo-Undo), dabei freie rechte Hand von unten an Ukes linken Ellbogen. →

Nage weicht von der Angriffslinie, indem er den linken Fuß etwas zur Seite setzt, und greift Ukes Angriffskraft auf, indem er seinen rechten Fuß etwas zurücksetzt und zugleich eine große Armkreisbewegung unten herum vor seinem Körper einleitet. →

Omote

Fortsetzen der eingeleiteten Bewegung durch Körperdrehung in Richtung Ukes Angriffshand (dadurch Füße im spitzen Winkel zur Angriffslinie = SANKAKU-WAZA) und Umlenken von Ukes Angriffskraft. →

Einleiten der Rückwärtsdrehung (TENKAN, links zurück) und Senken von Ukes Arm vor Nages Hüfte/Bauch (KOSHI/HARA). →

Fortsetzung der Armkreisbewegung nach oben und zurück zu Uke mit Unterstützung von Nages rechter Hand an Ukes linken Ellbogen = IKKYO-UNDO-Haltung. Dadurch geht Ukes Schwerpunkt etwas nach oben, Uke wird also labilisiert. Nage steht hierbei und im folgenden immer vor Uke (= OMOTE). →

Fortsetzung der Armkreisbewegung wieder nach unten durch Hüfteinsatz (starke Hüftdrehung: KOSHI), wodurch Uke weiter labilisiert wird. →

Hier hat Uke bereits Nage einmal umrundet, durch die erwähnte TENKAN-Bewegung von Nage. →

Übergang zum Boden, indem Nage mit der TENKAN-Drehung Ukes Ellbogen belastet und ihn so über seinen Arm spiralförmig zum Boden führt. →

Durch einen Übersetzschritt des hinteren rechten Fußes vorwärts im spitzen Winkel hin zu Uke (SANKAKU-WAZA) wird Uke noch mehr zum Boden gebracht. →

Ein erneuter Übersetzschritt mit dem hinteren linken Fuß schräg nach außen (weg von Uke) bringt Uke endgültig in Bauchlage. →

Abschluß am Boden (OSAE-WAZA) durch Fixieren von Ukes Arm am Boden wie IKKYO OMOTE. Nages Zehen sind aufgestellt, ansonsten Schwerpunkt tief. ●

Nage kniet sich parallel zu Ukes Arm (Zehen aufgestellt) und fixiert ihn so am Boden (= OSAE-WAZA). ●

Ai-Hanmi Shomen-Uchi Ikkyo

URA

▷ SHOMEN-UCHI *im Vergleich zu* AI-HANMI KATATE-TORI.
Verdeutlichung der Ähnlichkeit des Bewegungsablaufs bei unterschiedlichen Ausgangspositionen.

OMOTE

Ausgangsposition
AI-HANMI, beide rechts vorn,
SHOMEN-UCHI (gerader Schlag von oben).
Man sieht auch hier, wie Nage bereits beginnt, seine Bewegung einzuleiten, während Uke noch beim „Ausholen" ist, um eine Kollision der Kräfte zu umgehen. →

Ausgangsposition
AI-HANMI, beide links vorn,
SHOMEN-UCHI (gerader Schlag von oben halbkreisförmig zu Nages Kopf).
Man sieht, wie Nage bereits beginnt, seine Bewegung einzuleiten, während Uke noch beim Ausholen ist (also sein Angriff noch im Aufbau ist). →

Nage „fängt" also Ukes SHOMEN-UCHI möglichst noch im Entstehen ab, indem er mit seinem hinteren, linken Fuß vorwärtsgeht, hinter Ukes rechten Fuß, also in Ukes Rückseite (= URA), und so von der Angriffslinie weicht (SANKAKU-WAZA), zugleich beide Arme hochschwingt (IKKYO-UNDO) und wiederum Ukes Arm vor allem an dessen Ellbogen von unten greift. Dadurch wird Ukes Schwerpunkt labilisiert und die Umlenkung der Kraftrichtung eingeleitet (durch TENKAN-Drehung). →

Nage fängt Ukes SHOMEN-UCHI möglichst noch im Entstehen ab, indem er mit seinem linken Fuß vorwärtsgleitet (TSUGI-ASHI), vor Ukes Körper (Bauchseite/vorn = OMOTE), dabei seine Fußstellung im spitzen Winkel zu Ukes Angriffslinie aufbaut (SANKAKU-WAZA) und seine Arme hochschwingt (IKKYO-UNDO), linke Hand an Ukes linkes Handgelenk, rechte Hand von unten an Ukes linken Ellbogen. Dadurch geht Ukes Ellbogen und damit sein Schwerpunkt etwas hoch, und er wird labilisiert. →

Einleiten der Rückwärtsdrehung und Senken von Ukes Arm vor Nages Hüfte/Bauch (KOSHI/HARA). →

Übergang zum Boden, indem Nake mit der TENKAN-Drehung Ukes Ellbogen fixiert und Uke mit diesem Armhebel zum Boden führt. →

Fortsetzung dieser Armkreisbewegung nach unten. →

Durch Hüfteinsatz (starke Hüftdrehung: KOSHI) wird Uke weiter labilisiert. →

Abschluß am Boden (OSAE-WAZA) durch Fixieren von Ukes Arm am Boden. ●

▷ *Vergleiche die Bildfolge* IKKYO URA *aus* AI-HANMI KATATE-TORI.

Durch einen Übersetzschritt des hinteren rechten Fußes vorwärts im spitzen Winkel hin zu Uke (SHANKAKU-WAZA) wird Uke noch mehr zum Boden gebracht. →

Ein erneuter Übersetzschritt mit dem hinteren linken Fuß schräg nach außen (weg von Uke) bringt Uke endgültig in Bauchlage. →

▷ *Vergleiche die Bildfolge* IKKYO OMOTE *aus* AI-HANMI KATATE-TORI.

Nage kniet sich parallel zu Ukes Arm (Zehen aufgestellt) und fixiert ihn so am Boden (= OSAE-WAZA). ●

YONKYO (TEKUBI-OSAE)

▷ *Die folgende Bildsequenz zeigt einen alternativen Abschluß von* IKKYO *(hier:* OMOTE*), egal von welcher Ausgangsposition. Es ist dies* YONKYO (TEKUBI-OSAE), *die vierte Form der* OSAE-WAZA.

Ausgangspositon

AI-HANMI KATATE-TORI IKKYO OMOTE.

Nages rechte Hand rutscht an Ukes Ellbogen zurück und greift oberhalb von Ukes linkem Handgelenk zu, wobei der Zeigefingerknöchel von Nages rechter Hand in der Mittellinie von Ukes Unterarm-Unterseite plaziert wird, während Nages linke Hand etwas um Ukes linkes Handgelenk herumrutscht und von der Unterarm-Oberseite her zufaßt. Ukes linkes Handgelenk ist also von oben und unten von Nages Händen umschlossen, die leicht hintereinander versetzt plaziert sind (wie man ein japanisches Schwert hält). →

Mit Druck von Nages Zeigefingerknöchel in Ukes Unterarm-Unterseite mit Kraftrichtung Ukes Schulter geht Uke in die Bauchlage. ↓

Uke wird am Boden durch den fortgesetzten Druck auf den Unterarm fixiert (YONKYO OSAE-WAZA). ●

! *Nicht zu sehr Ukes Schulter verdrehen und nicht Ukes Arm überstrecken, sonst besteht Verletzungsgefahr. Wie man auf dem letzten Bild sieht, ist Ukes Ellbogen nach hinten gebeugt. Anfänglich ist der Unterarm bei starkem Druck relativ schmerzempfindlich, das verliert sich jedoch allmählich mit zunehmender Übung.*

6.2. Nikyo (Kote-Mawashi)

Nikyo ist die zweite Form (Ni-Kyo) der Osae-Waza. Die Kontrolle über Uke erfolgt hier durch gegenläufige Verdrehung von Unterarm und Handgelenk (Kote-Mawashi), was für den Anfänger unter Umständen schmerzhaft ist. Nikyo stellt aber eine ausgezeichnete Dehnungsübung für alle Sehnen, Muskeln und Bänder sowie Meridiane (= Energiebahnen) von Ukes Schulter und Arm dar.

▷ *Grundlage für* Nikyo *ist* Ikkyo, *deshalb muß zuerst* Ikkyo *bekannt sein (*Ikkyo *= 1. Stufe), bevor* Nikyo (Ni-Kyo *= 2. Stufe) geübt werden kann.*

AI-HANMI KATATE-TORI NIKYO OMOTE

▷ *Zur Verdeutlichung des Unterschiedes zu* IKKYO OMOTE, *und wie* NIKYO *auf* IKKYO *aufbaut, blättern Sie zum Vergleich zurück zu Abschnitt 6.1.* IKKYO.

Ausgangsposition

AI-HANMI, beide links vorn,
KATATE-TORI (Fassen eines Handgelenkes mit einer Hand). Nage weicht von der Angriffslinie durch Seitwärtssetzen des vorderen, linken Fußes und greift Ukes Angriffsbewegung auf, indem er den rechten Fuß etwas zurücksetzt und mit seinem linken Arm eine Armkreisbewegung nach unten vor seinem Körper einleitet.

Nage setzt diese Armkreisbewegung im großen Bogen nach oben – auf Uke zurück – fort. Dabei plaziert er sich durch einen Gleitschritt (TSUGI-ASHI) vorwärts mit dem linken Fuß im spitzen Winkel (SANKAKU-WAZA) vor Ukes Körper (= OMOTE), seine freie rechte Hand geht zu Ukes Ellbogen (IKKYO-UNDO). Hierdurch wird, wie bereits bekannt, Ukes Schwerpunkt labilisiert. →

Mit Hüftdrehung nach links und Gewichtsverlagerung auf den linken Fuß setzt Nage die Kreisbewegung der Arme nach unten fort, wobei jedoch – im Unterschied zu IKKYO – seine linke Hand nicht Ukes Handgelenk faßt, sondern der Daumen abgespreizt und die Hand geöffnet wird. →

So kann im weiteren Verlauf der Bewegungsablauf der Arme und durch eine zusätzliche Innenrotation der linken Hand im Gelenk der abgespreizte Daumen über Ukes linken Handrücken geführt werden. →

Uke wird durch die Schrittbewegung labilisiert. →

Uke wird in Bauchlage gebracht. →

Ukes linker Handrücken gelangt in Nages offene linke Hand. →

Nage kann Ukes Hand fassen.
(weiter S. 76 unten)

Während sich Nage neben Uke kniet (Zehen hoch, Ukes linke Schulter zwischen seine Knie), legt er Ukes linke Hand hinüber in seine gegenüberliegende rechte Ellbeuge. Nages rechte Hand geht in Richtung seiner eigenen linken Schulter, die freigewordene linke Hand fixiert Ukes Ellbogen an Nages HARA, so daß Ukes linker Arm einen Bogen macht, aber nicht durchgedrückt ist. →

! *Diese Dehnung ist anfänglich relativ schmerzhaft, dies um so mehr, je verspannter Uke im Schulterbereich ist.*

Durch Drehen und leichtes Neigen in Richtung Ukes Kopf nach links wird Ukes Schulter gedehnt (bis er abschlägt) und Uke so am Boden fixiert (NIKYO OSAE-WAZA). •

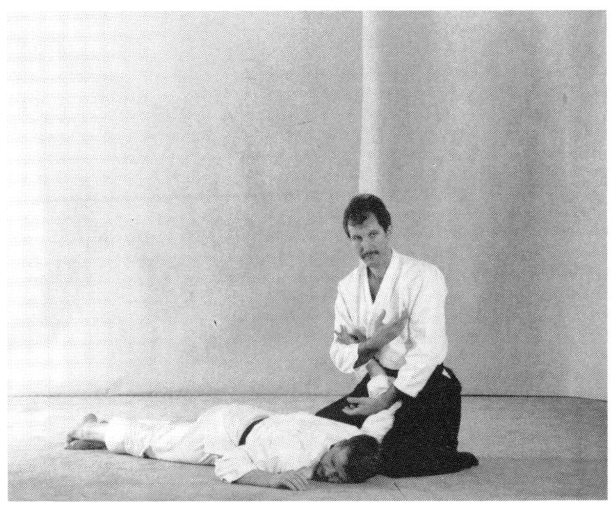

Shomen-Uchi Nikyo Ura

▷ *Zur Verdeutlichung einer möglichen Unterscheidung von* Nikyo Omote *und* Ura *(und noch einmal, wie* Nikyo *auf* Ikkyo *aufbaut, vgl. Abschnitt 6.1.).*

Nage „fängt" Ukes Shomen-Uchi möglichst noch im Entstehen ab, indem er mit seinem hinteren linken Fuß vorwärtsgeht, hinter Ukes rechten Fuß, also in Ukes Rückseite (= Ura) und so von der Angriffslinie weicht (Sankaku-Waza), zugleich beide Arme hochschwingt (Ikkyo-Undo) und Ukes Arm vor allem an dessen Ellbogen von unten greift. →

Ausgangspositon

Ai-Hanmi, beide rechts vorn,
Shomen-Uchi (gerader Schlag von oben).

Im weiteren Verlauf der Abwärtsbewegung der Arme und durch eine zusätzliche Innenrotation der rechten Hand im Gelenk kann der abgespreizte Daumen über Ukes rechten Handrücken geführt werden, so daß schließlich Ukes Handrücken in Nages offene Hand gelangt. →

Ukes Schwerpunkt wird labilisiert und die Umlenkung der Kraftrichtung durch die TENKAN-Drehung eingeleitet. →

Nage setzt die Armkreisbewegung im großen Bogen fort.
(weiter S. 78 unten)

Nage kann Ukes Hand fassen. →

Nage fixiert Ukes rechten Handrücken in seiner gegenüberliegenden Schlüsselbeinmulde. (Ukes rechtes Handgelenk ist also angewinkelt).
(weiter S. 80 oben)

Nages linke Hand rutscht vor zu Ukes rechtem Handgelenk; dadurch kommt Nages linker Ellbogen auf Ukes rechten Ellbogen zu liegen. →

Nage bringt Uke Richtung Boden, indem er mit seinem linken Arm (Ellbogen) Ukes rechten Ellbogen nach unten beugt. (Als Nage den Arm schwer werden lassen und sich etwas vorlehnen, genügt meist). →

Einleiten der Rückwärtsdrehung (TENKAN) und Senken von Ukes Arm vor Nages Hüfte/Bauch (KOSHI/HARA). →

Während Nage sich neben Uke kniet (Zehen aufgestellt), Ukes rechte Schulter zwischen seinen Knien, legt er Ukes rechte Hand hinüber in seine gegenüberliegende linke Ellbeuge. →

Nages ursprüngliche Ellbogenhand geht zurück zu Ukes rechtem Ellbogen (Ikkyo-Griff). →

Durch eine weitere TENKAN-Drehung wird Uke endgültig in die Bauchlage gebracht.
(weiter S. 80 unten)

Nages freigewordene rechte Hand fixiert Ukes Ellbogen an Nages HARA, so daß Ukes rechter Arm einen Bogen macht, aber nicht durchgedrückt ist. Durch Drehen und leichtes Neigen in Richtung Ukes Kopf wird Ukes Schulter gedehnt. ●

! *Anfänglich ist* NIKYO *schmerzhaft für Ukes Handgelenke, und zwar um so mehr, je verspannter Uke ist. Dies verliert sich jedoch zunehmend mit der Übungsdauer und der Übungshäufigkeit.*

6.3. Sankyo (Kote-Hineri)

Sankyo ist die dritte Form (= San-Kyo) der Osae-Waza. Die Kontrolle über Uke erfolgt durch gleichsinnige Verdrehung von Ukes Handgelenk und Unterarm (= Kote-Hineri), was für den Anfänger unter Umständen schmerzhaft, aber wiederum eine ausgezeichnete Dehnübung für sämtliche Muskeln, Sehnen und Bänder sowie Meridiane (Energiebahnen) von Ukes Schulter und Arm ist.

Sankyo

Shomen-Uchi Sankyo Omote

Ausgangsposition

Ai-Hanmi, beide links vorn
Shomen-Uchi (Schlag von oben).

Nage fängt Ukes Shomen-Uchi möglichst schon im Entstehen ab, indem er mit seinem linken Fuß vorwärts gleitet (Tsugi-Ashi) vor Ukes Körper, dabei seine Fußstellung im spitzen Winkel zu Ukes Angriffslinie aufbaut und seine Arme hochschwingt. →

Nages linke Hand faßt von oben Ukes linken Ellbogen, indem Nage seinen linken Fuß weit in Ukes Kopfrichtung vorsetzt (= Einleitung eines Tai-Sabaki). Man sieht, daß dadurch Nages linker Arm verdreht wird (= Kote-Hineri). →

Fortsetzung der Armkreisbewegung nach unten. →

Nage plaziert seine linke Hand an Ukes linker Handaußenkante. →

Der nun folgende Tenkan-Schritt rechts (zur Vervollständigung von Nages Tai-Sabaki) mit leichtem Druck auf Ukes Ellbogen nimmt diesen mit. Vergleiche Ukes Position zu Nage mit dem vorherigen Bild. →

Diese beschriebene spiralenförmige Bewegung Richtung Boden bringt Uke schließlich in Bauchlage. →

Durch Hüfteinsatz wird Uke weiter labilisiert. →

Griffwechsel: Nages rechte Hand auf Ukes linkem Ellbogen rutscht hinunter zu Ukes linker Hand und greift diese von dessen Handrücken her unterhalb des Handgelenks. Nage kontrolliert so (über Hebelwirkung und) über Ukes Ellbogen dessen Mittelpunkt. Nages linke Hand löst sich in Vorbereitung des nun folgenden Übergangs zum Boden.
(weiter S. 83 unten)

Nage kniet neben Uke in der von Nikyo bekannten Weise (Ukes Schulter zwischen Nages Knie, Nages Zehen aufgestellt) in Vorbereitung des nun folgenden erneuten Handwechsels für Ukes Fixierung am Boden (= Osae-Waza). →

Nages linke Hand an Ukes Ellbogen geht hoch zu Ukes linker Hand und faßt diese vom Handrücken her (Daumen auf Daumen), so daß Ukes Arm weiterhin in dieser für Sankyo typischen Verdrehung (Spannung) bleibt.

! *Diese Schlußdehnung ist am Anfang recht schmerzhaft für Uke, je verspannter Uke in Schulter und Arm ist.*

Ukes linke Hand wird in Nages rechte Ellbeuge gelegt, Nages freigewordene rechte Hand bringt Ukes Ellbogen mit Nages Hara in Kontakt. Dadurch wird Ukes linker Arm gebogen, und durch eine Körperdrehung von Nage nach links in Richtung Ukes Kopf wird Uke am Boden fixiert. ●

Shomen-Uchi Sankyo Ura

Ausgangsposition

Ai-Hanmi, beide rechts vorn,
Uke ist hier noch im Aufbau seines Shomen-Uchi (Schlag von oben).

Nage fängt Ukes Schlag schon im Entstehen ab. →

Fortsetzung der Armkreisbewegung nach unten. →

Über eine leichte Hüftdrehung nach links und gleichsinniger Verdrehung von Ukes rechter Hand nach oben läßt Nage Uke sich etwas aufrichten für den nun folgenden Griffwechsel. →

Nage hat umgefaßt, indem seine linke Hand von Ukes Ellbogen herunterrutscht zu Ukes rechter Hand und diese vom Handrücken her unterhalb des Handgelenks faßt (Daumen auf Daumen). →

Nage leitet die TENKAN-Bewegung ein. →

Nage führt die TENKAN-Bewegung fort. →

Dadurch wird Nages rechte Hand frei, die nun ihrerseits von oben auf Ukes rechten Ellbogen plaziert wird, indem zuvor über eine halbkreisförmige Bewegung nach unten mit der linken Hand (über Hebelwirkung) der Ellbogen nach unten geholt und Ukes Gleichgewicht erneut labilisiert wird. →

Mit einer TENKAN-Bewegung Nages und der Fortsetzung Ukes ursprünglicher Umlaufbahn wird Uke spiralförmig Richtung Boden geführt (mit leichtem Druck auf dessen Ellbogen. →

Uke soll nicht so stark Richtung Boden, sondern mehr auf eine Umlaufbahn um Nage geführt werden. Uke hat Nage bereits einmal umrundet. →

Nage plaziert in Vorbereitung des bald folgenden Griffwechsels seine rechte Hand an der Außenkante von Ukes rechter Hand.
(weiter S. 87 unten)

Nage kniet neben Uke in der von NIKYO bekannten Weise (Ukes Schultern zwischen Nages Knie, Zehen aufgestellt) in Vorbereitung des nun folgenden erneuten Handwechsels für Ukes Fixierung am Boden. →

Nages rechte Hand an Ukes Ellbogen geht hoch zu Ukes rechter Hand und faßt diese vom Handrücken her (Daumen auf Daumen), so daß Ukes Arm weiterhin in dieser für SANKYO typischen Verdrehung (Spannung) bleibt.

Ukes rechte Hand wird in Nages linke Ellbeuge gelegt, Nages freigewordene linke Hand bringt Ukes Ellbogen mit Nages Hara in Kontakt. Dadurch wird Ukes rechter Arm gebogen und durch eine Körperdrehung von Nage in Richtung Ukes Kopf wird Uke am Boden fixiert. ●

7. Die Wurftechniken

Im Unterschied zu den OSAE-WAZA enden die (meisten) NAGE-WAZA nicht durch eine Fixierung von Uke am Boden, sondern durch einen Wurf (es gibt aber Ausnahmen bzw. Kombinationsmöglichkeiten, vgl. Abschnitt 7.3., KOTE-GAESHI). Uke muß hierfür die in Abschnitt 3.3. beschriebene Fallschule sicher beherrschen. Anfänglich genügt dafür die Rückwärtsrolle (USHIRO-UKEMI); zu beachten ist hierbei, daß immer dasjenige Bein zurückgesetzt und gebeugt wird (zur Einleitung der Rückwärtsrolle), das auf der Seite hin zu Nage steht, und/ oder auf der Nage an Ukes Arm die Hebelwirkung ausübt, sonst besteht die Gefahr, sich zu verletzen. Später bedarf es zusätzlich der Vorwärtsrolle (MAE-UKEMI).

! *Wann immer möglich, rollt Uke über seinen freien Arm, jedoch niemals überkreuz (d. h. normalerweise nicht Links-Vorwärtsrolle bei rechtem Fuß vorn oder umgekehrt, sonst große Verletzungsgefahr!).*

Die Unterscheidung einer OMOTE- und URA-Version in der Ausführung einer Technik gilt zwar auch für alle NAGE-WAZA, ist hier jedoch manchmal nicht so konsequent einhaltbar. Wir haben auf diese mögliche Unterscheidung deshalb bei der Darstellung der Techniken weitgehend verzichtet; beispielhaft aufzeigen wollen wir sie bei SHIHO-NAGE (Abschnitt 7.1.). Statt dessen wollen wir anhand von zwei Beispielen aufzeigen (KAITEN-NAGE und TENCHI-NAGE), wie aus vielen NAGE-WAZA-Grundtechniken KOKYU-NAGE abgeleitet werden können.

Aus didaktischen Gründen wählen wir in diesem Kapitel vorzugsweise Angriffsformen aus GYAKU-HANMI (Ausnahme: Abschnitt 7.3., IRIMI-NAGE), wieder um zu zeigen, wie man bei verschiedenen Ausgangspositionen letztlich zu derselben Technik-Ausführung gelangt. Auch hier gilt: Da dies kein Kompendium bzw. Lehrbuch sein soll, wird die exemplarische Darstellung zur Verdeutlichung der Prinzipien herangezogen.

7.1. Shiho-Nage

Shiho-Nage ist eine Wurftechnik (Nage), die sich grundsätzlich in jede der vier Richtungen (Shi-Ho) des Raumes ausführen läßt. Oft wird Shiho-Nage auch als „Schwertwurf" bezeichnet (was keine Übersetzung des japanischen Wortes ist), weil seine Durchführung sich besonders offensichtlich von der Schwertbewegung herleiten läßt.

Vergleiche dazu auch die Übersicht in Abschnitt 5.1. über das Gesamtsystem der Techniken.

Das folgende Gyaku-Hanmi Katate-Tori macht das deutlich.

Gyaku-Hanmi Katate-Tori Shiho-Nage Omote

▷ *Der Zusammenhang von* Aikido-*Techniken (*Tai-Jutsu*) zur Schwerttechnik (*Aikido-Ken*) am Beispiel* Shiho-Nage.

Ausgangsposition

Gyaku-Hanmi, Nage links, Uke rechts vorn, Katate-Tori (Fassen eines Handgelenks mit einer Hand).

Diese Phase entspricht dem Ziehen des japanischen Schwertes (Nuki-Tsuke). →→

Nage hat bereits seinen linken Fuß nach außen aus Ukes Angriffslinie gesetzt, seinen rechten Fuß davor, so daß er nunmehr im spitzen Winkel (Sankaku-Waza) zu Ukes Kraftlinie steht. Mit Hüftdrehung nach rechts hebt Nage die gefaßte Hand mit rundem Arm nach oben und außen, seine freie rechte Hand faßt zusätzlich Ukes rechtes Handgelenk von oben. →

Diese Phase entspricht der Haltung mit dem erhobenen Schwert, kurz vor dem Schneiden. →→

Nage setzt seinen linken Fuß nach vorn vor Ukes Körper (= OMOTE); diese Stellung ist der IKKYO-UNDO-Übung (vgl. Abschnitt 6.1.) vergleichbar. →

Körperdrehung von Nage um 180 Grad (TENKAI-ASHI), wobei die eingeleitete Armbewegung fortgeführt wird in Richtung Ukes Rücken. →

Die Wurfbewegung entspricht genau der Schneidebewegung mit dem Schwert (KIRI-OROSHI). →

Nage führt seine Arme im Bogen hinter Ukes Rücken wieder nach unten. →

Uke wird dadurch zu einer Rückwärtsrolle gezwungen. →

Nage kann rechtzeitig Ukes rechte Hand loslassen, wenn er Uke rückwärts rollen lassen will. Er könnte jedoch auch mit dem SHIHO-NAGE-Griff Uke am Boden fixieren. •

Uke beugt das rechte Bein für die Rückwärtsrolle. •

Gyaku-Hanmi Katate-Tori Shiho-Nage Ura

▷ Gyaku-Hanmi Katate-Tori Shiho-Nage Ura *zur Verdeutlichung des Unterschiedes zwischen* Omote *und* Ura. *Die eine Reihe zeigt den Bewegungsablauf mit Partner (Uke), die andere Reihe denselben Bewegungsablauf ohne Partner, wie sie auch als Solo-Übung durchgeführt werden kann.*

Ausgangsposition
Gyaku-Hanmi, Nage links, Uke rechts vorn, Katate-Tori (Fassen eines Handgelenks mit einer Hand)
→

Nage gleitet mit Tsugi-Ashi vor in Richtung Ukes „tote Seite“ (Rücken = Ura) und dreht sich (in Vorbereitung für Tenkan-Ashi) zu Ukes Hand hin, Fußstellung zueinander im spitzen Winkel (Sankaku-Waza). Nages gefaßte linke Hand und Arm beschreiben einen Bogen in Verlängerung von Ukes Kraftrichtung, Nages freie rechte Hand faßt von oben Ukes rechtes Handgelenk. →

Nage hat jetzt seinen rechten Fuß zurückgesetzt (Tenkan-Ashi) und seine Arme im Bogen nach oben gehoben, um so Ukes Kraft allmählich halbkreisförmig nach oben außen umzulenken. →

Nage setzt diese Armbewegung fort in Richtung Ukes Rückseite, indem er sich am Platz um 180 Grad dreht (TENKAI-ASHI). →

Nage senkt seine Arme. →

Durch das Senken der Arme im Bogen (wie die Schneidebewegung mit Schwert) wird Uke zum Rückwärtsrollen veranlaßt (vgl. OMOTE-Version). ●

Yokomen-Uchi Shiho-Nage Omote

▷ Yokomen-Uchi Shiho-Nage Omote *und* Ura *zur Verdeutlichung des Unterschiedes zwischen* Omote *und* Ura.

Ausgangsposition

Gyaku-Hanmi, Nage links, Uke rechts vorn, Yokomen-Uchi (seitlicher, schräger Schlag von außen zum Kopf, hier schlägt Uke mit rechter Hand zu Nages linker Kopfseite).
Omote und Ura haben dieselbe Ausgangsposition, sind jedoch aus unterschiedlicher Perspektive fotografiert.

Nage weicht durch Seitwärtssetzen des rechten Fußes aus, durch Heben des linken Armes (wie einseitiges Ikkyo-Undo) stellt er den Kontakt zu Ukes schlagender rechten Hand her. Mit seiner rechten Hand könnte Nage selbst durch Yokomen-Uchi angreifen bzw. Uke auf den nötigen Abstand (Ma-Ai) halten. →

Nage setzt seinen linken Fuß nach vorn vor Ukes Körper (= Omote). →

Durch eine Schrittdrehung rückwärts (Tenkan-Ashi mit dem linken Fuß) läßt Nage Uke seinen Schlag ausführen (Tenkan-Prinzip), nimmt jedoch mit seinen beiden Händen (linke Hand von oben, rechte von unten) Ukes Schlaghand unter Kontrolle. →

Durch eine Hüftdrehung nach rechts (wie beim Schwertziehen) führt Nage Ukes Arm weiter und ändert Ukes Kraftrichtung.
(weiter S. 102, unten)

Durch Nages Drehung um seine Körperachse (Tenkai-Ashi) rechts herum werden Ukes Arme im Halbkreis in dessen Rücken weitergeführt. →

Ende der Bewegung in der Abwurfphase. →

Die Abwurfphase analog dem Schneiden mit dem Schwert. ●

YOKOMEN-UCHI SHIHO-NAGE URA

Nage beginnt rechtzeitig seine Vorwärtsbewegung, wenn Ukes Angriff noch im Ansatz ist, um ihn noch vor der vollen Kraftentfaltung abzufangen (IRIMI-Prinzip): Hierfür gleitet er mit seinem linken Fuß vorwärts (TSUGI-ASHI) in Richtung Ukes Außenseite (= URA) und

schwingt dabei beide Arme (IKKYO-UNDO) hoch. Nages linke Hand fängt Ukes rechte Schlaghand ab, Nages rechte Hand hält sich Uke auf Distanz bzw. beschäftigt Ukes linke Hand. Uke muß Nages „angreifende" Hand von außen nach innen „wegfegen". →

Nage hat bereits Ukes rechten Arm in einem Halbkreis nach unten und durch eine Körperdrehung nach vorn weitergeführt, so daß Nage und Uke jetzt eine gemeinsame Blick- und Kraftrichtung haben. →

▷ *Dasselbe gilt übrigens für die* OMOTE-*Version, wurde aber dort nicht extra beschrieben.*

Nage setzt die bereits eingeleitete Kreisbewegung der Arme nach vorn oben fort und nimmt seinen rechten Fuß zurück (Tenkan-Ashi) in Ukes Rückseite (= Ura). →

Durch Tenkai-Ashi (rechts herum) und Fortführung der Armbewegung in Ukes Rücken wird der Abwurf eingeleitet.
(weiter unten links)

Abwurfphase. →

Ende der Abwurfphase. ●

Mune-Tori Shiho-Nage Omote

▷ *Zum Ablauf der Eingangsbewegung vergleichen Sie die Beschreibung von* Yokomen-Uchi Shiho-Nage Omote *und ebenso die einander entsprechenden Bilder. Bei* Mune-Tori *(und ähnlich bei* Gyaku-Hanmi Katate-Tori*) aber führt man u. U. Uke etwas mehr auf eine Umlaufbahn als bei* Yokomen-Uchi.

Ausgangsposition

Gyaku-Hanmi, Nage links, Uke rechts vorn, Mune-Tori (Uke möchte Nages Jacke über dessen Brustbein fassen).

Durch Heben der Arme wird der Kontakt mit Uke hergestellt. →

Durch eine Schrittdrehung rückwärts läßt Nage Uke seinen Faßangriff ausführen.

Nage nimmt mit beiden Händen Ukes Faßhand unter Kontrolle →

Nage setzt seinen linken Fuß nach vorn vor Ukes Körper (= Omote) →

Durch Nages Drehung um seine Körperachse wird Ukes Arm im Halbkreis in dessen Rücken weitergeführt. →

Durch eine Hüftdrehung wird Ukes Arm weitergeführt. →

Nage „öffnet“ für die Änderung von Ukes Kraftrichtung. *(weiter S. 108 unten)*

Abwurfphase. →

Abrollphase. •

7.2. Irimi-Nage

Irimi-Nage ist eine Wurftechnik (Nage), die ein starkes Irimi, also ein starkes „Hineingehen in den Partner“ erfordert. In dieser Hinsicht ist Irimi-Nage sehr ähnlich dem Tenchi-Nage (vgl. Abschnitt 7.5.) Irimi-Nage lenkt jedoch Ukes Angriffskraft mehr zu diesem selbst zurück, sozusagen „in ihn hinein (zentripetal)“, wohingegen Tenchi-Nage mehr öffnet und zentrifugal wirkt.

▷ *Drei verschiedene, wenngleich ähnliche, weil aufeinander aufbauende Ausgangspositionen (Abschnitt 5.4., Angriffsformen) führen in dieselbe Wurfsituation.*

Irimi-Nage

Ausgangsposition A
AI-HANMI, Nage und Uke links vorn,
KATATE-TORI (Fassen einer Hand mit einer Hand).

→ →

Ausgangsposition B
GYAKU-HANMI, Nage links, Uke rechts vorn,
KATA-TORI (Jacke über Nages Schulter fassen, Uke mit rechter Hand über Nages linker Schulter),
MEN-UCHI (Schlag von oben zu Nages Kopf, Uke schlägt mit seiner linken Hand, Nage hebt sofort seine linke Hand wie bei IKKYO-UNDO). →

Ausgangsposition C
AI-HANMI, beide links,
SHOMEN-UCHI (Uke schlägt mit der linken Hand auf Nages Kopf, auch hier nimmt Nage rechtzeitig seinen linken Arm wie IKKYO-UNDO hoch; Bilder rechte Spalte).

→

Alle drei Ausgangspositionen werden durch einen Übersetzschritt durch Nages rechten Fuß nach vorn in Ukes Rückseite aufgefangen. Durch Verlängerung von Ukes Angriffskraft und Fassen von Ukes Nacken mit der rechten Hand ist hiermit in allen drei Fällen dieselbe Situation hergestellt.

Nage läßt Ukes SHOMEN-UCHI nach unten „leerlaufen" durch Hüfteinsatz bzw. -drehung. (Bild Mitte)

Nage läßt Uke „leerlaufen" durch einen Übersetzschritt rechts vorwärts. (Bild unten)

Durch TENKAN-Drehung mit dem linken Fuß wird Uke auf eine Umlaufbahn um Nages Mitte gebracht. →

Ukes Angriffskraft wird durch die Zentrifugalkräfte von Nages Bewegung zerstreut. →

Als Übergang in die eigentliche Wurfphase holt Nage Ukes Kopf an seine gegenüberliegende linke Schulter und bringt die Beugerseite seines linken Oberarmes unter Ukes Kinn. →

Durch eine Armkreisbewegung vorwärts (mit dem linken gebogenen Arm) und Weiterführen von Uke mit Hilfe der rechten Hand in Ukes Nacken kommt Ukes Kinn und damit sein Schwerpunkt nach oben. In der hier gezeigten IRIMI-NAGE-Version wurde Uke zudem um Nages bisheriges rechtes Standbein bis auf seine Körperaußenseite weitergeführt. Das mittlere Bild zeigt diese Situation kurz vor dem Abwurf schräg von vorn, das untere Bild von der Seite. →

Abwurfphase der Bewegung. Durch Fortsetzung der eingeleiteten Armkreisbewegungen nach unten in Ukes Rückseite wird Uke quasi „eingewickelt“ und so labilisiert, daß er schließlich rückwärts rollen muß. →

Nages Schlußhaltung ist schräg von vorn dargestellt. ●

Nages Schlußhaltung frontal von vorn. Beachte besonders Nages gebogenen Wurfarm. ●

▷ *Nage darf seine Hand in Ukes Nacken nicht zu früh loslassen, sonst geht Uke u. U. einfach nach hinten weg, aber auch nicht zu spät, damit Uke rollen kann.*

▷ *Bei der Armkreisbewegung des werfenden Armes diesen zugleich um seine Längsachse drehen, sonst kommt Ukes Kinn/Schwerpunkt nicht richtig hoch. Vergleiche dazu die Bilder S. 144 linke Spalte mit den beiden auf der rechten Spalte und den nachfolgenden Bildern: Auf dem linken Bild, S. 114 zeigt Nages linke Handfläche nach oben (linker Ellbogen unten), von den nächsten Bildern an zeigt Nages Handfläche nach außen, die Ellbogenseite ist oben.*

▷ *Uke kann in der Wurfphase in verschiedenen Positionen zu Nage stehen: Vor dessen Körper/Bauch oder – wie hier gezeigt – an dessen Außenseite. Diese Form ist eine ausgezeichnete Übung für die Beweglichkeit und Kraftentfaltung der Hüfte (*KOSHI*) sowie für Gleichgewicht und Standfestigkeit.*

7.3. KOTE-GAESHI

KOTE-GAESHI ist eine Wurftechnik durch Beugen von Ukes Handgelenk (KOTE), wodurch eine „Umkehr“ (GAESHI) der Kraftrichtung erreicht wird.
KOTE-GAESHI soll als Beispiel dienen für eine mögliche Fixierung von Uke am Boden nach einer Wurftechnik sowie die Übertragung eines Bewegungsablaufs (einer Grundtechnik) bei waffenlosen Angriffen auf einen Waffenangriff.

▷ GYAKU-HANMI KATATE-TORI *und* MUNE-TORI KOTE-GAESHI *zur Verdeutlichung, wie verschiedene, aber ähnliche Ausgangssituationen zu derselben Wurf- und Bodensituation führen.*

KOTE-GAESHI

Gyaku-Hanmi Katate-Tori und Mune-Tori Kote-Gaeshi

Ausgangsposition A
Nage rechts, Uke links vorn,
Katate-Tori (= Fassen eines Handgelenks mit einer Hand).

Ausgangsposition B
Gyaku-Hanmi, rechts, links,
Mune-Tori (Uke möchte Nages Jacke mit der linken Hand über dessen Brust fassen).

Nage gleitet durch Tsugi-Ashi rechts vorwärts von Ukes Angriffslinie und dreht sich dabei in Richtung Ukes Angriffshand (dadurch Sankaku-Waza der Fußstellungen zueinander). Während dieser Schrittbewegung „schneidet" er mit seiner linken Hand von oben zwischen sein rechtes und Ukes linkes Handgelenk, um so mitzuhelfen, die gefaßte Hand zu befreien.

Die eben befreite rechte Hand legt Nage von oben auf Ukes Angriffshand, den eigenen Daumen an Ukes Ringfingerknöchel, die übrigen Finger umfassen die Daumenwurzel von Ukes Angriffshand. →

Bei Mune-Tori-Angriff weicht Nage ebenfalls durch Tsugi-Ashi rechts vorwärts von der Angriffslinie, kann jedoch Ukes Angriffshand direkt von außen greifen (in der eben beschriebenen Weise), wobei er sich in Richtung zu Uke dreht. →

Ab jetzt identischer Bewegungsablauf: Nage führt Ukes Angriffskraft weiter und lenkt sie um durch eine TENKAN-Drehung (TENKAN-ASHI links rückwärts). →

Nage bringt Uke auf die Umlaufbahn um seine Mitte.
(weiter S. 120 unten – rechts)

Nage zerstreut die Angriffskraft Ukes durch die Zentrifugalkräfte. →

Durch ein TENKAN-ASHI des bisherigen rechten Standbeines schafft Nage Abstand zwischen sich und Uke. →

▷ *Uke könnte auch versuchen, sich rückwärts abzurollen, dann müßte Nage dies durch die in der folgenden Bildsequenz beschriebene Aktion verhindern.*

Nage kann durch den Abstand (Ma-Ai) die Kraftrichtung Ukes ändern.

Nage führt die Kraftrichtung von Uke durch ein „Umkippen“ bzw. „Umkehren“ (= Gaeshi) von dessen Handgelenk (Kote) in Ukes „tote“ Seite; dabei erzeugt er einen Gelenkhebel, den Nages linke Hand durch Auflegen unterstützt. (Das obere und das mittlere Bild zeigen dieselbe Situation des „Umkehrens“ der Kraftrichtung, jedoch aus etwas unterschiedlicher Perspektive.

Dadurch wird Ukes Gleichgewicht labilisiert, und durch weiteres Nach-unten-führen von Ukes Hand in einem kleinen Bogen wird Uke zu Boden in Rückenlage gebracht.

Uke soll von der Rückenlage in die Bauchlage gebracht werden. →

Nage legt die linke Hand von innen an Ukes Ellbogen. →

Nage führt Ukes Ellbogen um Ukes Kopf herum. →

Nage muß dazu Ukes gefaßte linke Hand über dessen Kopf fixieren. →

Nage muß selbst mit einem Übersetzschritt oder Gleitschritt um Ukes Kopf herumgehen. →

Wenn Uke in Bauchlage ist, kniet sich Nage neben Uke ab (Zehen aufgestellt). ●

Nage fixiert Ukes Arm. →

Nage dehnt Ukes Arm Richtung Ukes Kopf. Vergleiche die Ausführung Nikyo OSAE-WAZA in Abschnitt 6.2. ●

Shomen-Tsuki (mit Messer) Kote-Gaeshi (Tanto-Tori)

▷ Shomen-Tsuki *(mit Messer)* Kote-Gaeshi *zur Verdeutlichung, wie Grundbewegungen z. T. auch bei Waffenangriffen angewandt werden können.*

Ausgangsposition

Gyaku-Hanmi, Nage rechts, Uke links vorn, Shomen-Tsuki (hier: geradliniger Stoß/Stich mit Messer in Richtung Nages Magengrube.
Diese Ausgangsposition ist ähnlich Mune-Tori, jedoch „dichter" im Kontakt (vgl. Übersicht in Abschnitt 5.4.). Man sieht, wie Nage seine Ausweichbewegung (Tsugi-Ashi rechts vorwärts) sofort mit Ukes Angriffsbewegung einleitet (sonst wäre er zu spät dran).

Nage legt die rechte Hand von oben auf Ukes Angriffshand. Nages Daumen umfaßt Ukes Ringfingerknöchel, die übrigen Finger die Daumenwurzel von Ukes Angriffshand. →

Nage führt Ukes Angriffskraft weiter und lenkt sie um durch eine TENKAN-Drehung.

Nage bringt Uke auf eine Umlaufbahn um seine Mitte. →

Nage umläuft Uke und fixiert ihn am Boden. →

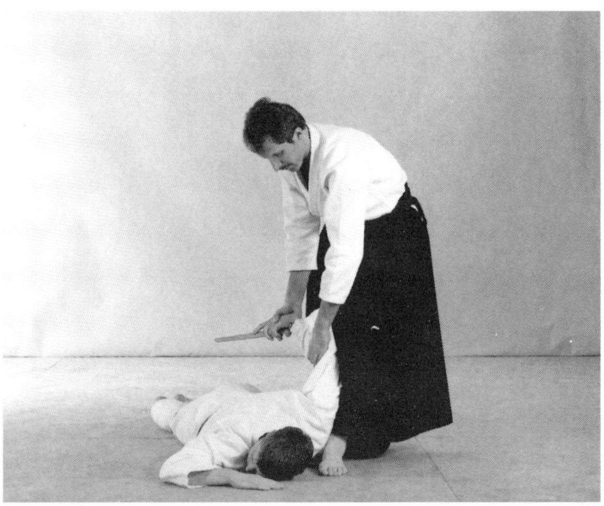

Um Uke das Messer abzunehmen (TANTO-TORI), fixiert Nage dessen linke Schulter und Arm zwischen seinen beiden Füßen und Beinen. Ukes Handgelenk liegt nahe Nages rechtem Knie, so daß Nage durch Gewichtsverlagerung nach vorn und durch Körperdrehung nach außen eine so starke Dehnung auf Ukes gebogenen Arm ausüben kann, daß dieser das Messer schließlich nicht mehr festhalten kann. →

Nage ändert nun Ukes Kraftrichtung in Richtung Ukes Rückseite. →

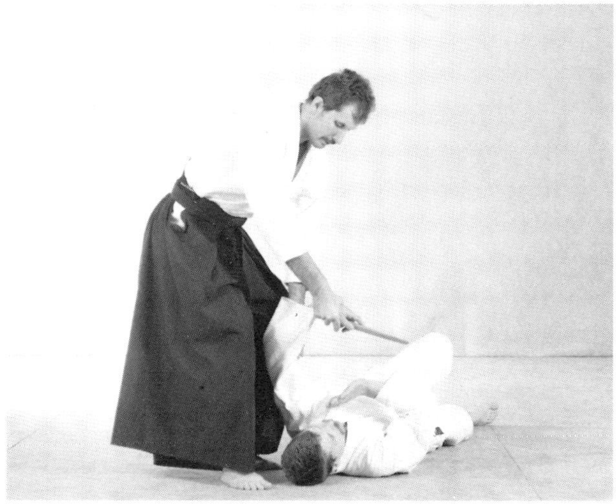

Nage hat den Handgelenkshebel angesetzt und labilisiert damit Ukes Gleichgewicht.
(weiter S. 126 unten)

Entwaffnung ●

! *Die Messerspitze darf Nage nie gefährden, muß also immer von Nage wegzeigen. Bei* SHOMEN-TSUKI *ohne Messer kann* KOTE-GAESHI *auch mit* NIKYO OSAE-WAZA *beendet werden.*

7.4. Kaiten-Nage

Kaiten-Nage wird meist mit „Schleuderwurf" übersetzt. Gemeint ist eine weit „ausladende" Wurfbewegung, wie wenn man einen Gegenstand wegschleudert. Hierbei gibt es (neben einer Omote- und Ura-Version, die hier nicht näher beschrieben wird) eine Soto- und eine Uchi-Version in der Ausführung von Kaiten-Nage.

Diese Bezeichnungen beziehen sich darauf, ob Nage bei der Einleitung von Kaiten-Nage außerhalb (Soto) von Ukes Angriffsarm bleibt, oder ob Nage unter Ukes Angriffsarm durchgeht „wie in ein Haus" (innen = Uchi).

Kaiten-Nage

Gyaku-Hanmi Katate-Tori Soto Kaiten-Nage Omote

Ausgangsposition

Gyaku-Hanmi, Nage links, Uke rechts vorn, Katate-Tori (Fassen einer Hand mit einer Hand).

Ausgangsposition
Gyaku-Hanmi, Nage links, Uke rechts vorn, Shomen-Tsuki (Fauststoß Richtung Nages Magengrube). Hier sieht man Nage bereits Tsugi-Ashi links vorwärts einleiten, um rechtzeitig von der Angriffslinie zu kommen.

Nage weicht nach außen von der Angriffslinie durch Tsugi-Ashi links vorwärts, hält dabei die linke festgehaltene Hand tief vor sich und mit der rechten Hand Uke auf Abstand die Uke mit seiner freien Hand von außen nach innen wegfegt). →

Nages linker Arm beschreibt einen großen Kreis von unten nach oben (und dann wieder vorn unten) auf Ukes Außenseite (SOTO) mit starkem Hüfteinsatz (KOSHI). →

Durch Fortsetzen der eingeleiteten Armkreisbewegung nach unten kommt Uke nach vorn aus dem Gleichgewicht. →

Nage ist durch TSUGI-ASHI in Ukes Außenseite (SOTO) ausgewichen, richtet seine Körperachse zu Ukes Faust aus (steht dadurch im spitzen Winkel zu Ukes Kraftlinie) und faßt Ukes rechtes Handgelenk von oben. →

Durch Fortsetzen der eingeleiteten Armkreisbewegung nach unten und Umlenken von Ukes geradliniger Angriffskraft im Halbkreis nach vorn unten kommt Uke nach vorn aus dem Gleichgewicht. →

Nage führt die eingeleitete Armkreisbewegung nach hinten oben fort (in Ukes Rückseite) und verhindert mit seiner rechten Hand, daß Uke sich mit ihm zusammen aufrichten kann (rechte Hand in Ukes Nacken legen). •

▷ *Besonders in der Wurfphase muß Nage spitzwinkelig (SANKAKU-WAZA) zu Uke stehen, damit eine optimale Kraftübertragung von seiner Hüfte (HARA) über Ukes Arm (als langer Hebel) auf Ukes Mitte möglich ist.*

❗ *Der Abwurf könnte auch mittels eines Übersetzschrittes von Nage links vorwärts erfolgen, was jedoch für Uke gefährlich werden könnte. (Nage könnte mit seinem Knie Uke im Gesicht verletzen). Auch ist die hier gezeigte Version wiederum eine ausgezeichnete Übung für Hüfteinsatz (KOSHI) und Gleichgewicht.*

Nage befreit seine gefaßte Hand und faßt um, indem er seinen Ellbogen senkt und so zwischen Ukes Daumen und Zeigefinger sein Handgelenk lösen kann. →

Indem Nage die Armkreisbewegung weiter nach oben und vorne fortsetzt – unter Hüfteinsatz (Hüftdrehung nach rechts) und Gewichtsverlagerung auf seinen rechten Fuß –, erfolgt durch einen langen Hebel der Abwurf. Uke rollte über seinen linken Arm vorwärts (MAE-UKEMI). •

Gyaku-Hanmi Ryote-Tori Uchi Kaiten-nage Omote

▷ Gyaku-Hanmi Ryote-Tori Uchi Kaiten-Nage Omote *und* Kokyo-Nage *zur Verdeutlichung, wie sich eine Form von* Kokyu-Nage *aus einer Grundtechnik ableiten läßt.*

Ausgangsposition

Gyaku-Hanmi, Nage links, Uke rechts vorn, Ryote-Tori (= Fassen beider Handgelenke).

Nage leitet durch Tsugi-Ashi links vorwärts und Heben des linken Armes die Bewegung ein (rechte Hand „Erdhand" bleibt unten). →

Nage setzt seinen linken Fuß weit zurück, zugleich setzt er seine Armkreisbewegung unten nach hinten oben (in Ukes Rückseite) fort, wodurch Ukes Gleichgewicht meist so stark labilisiert wird, daß er als Ausgleichsbewegung am besten seinen rechten Fuß mit zurücknimmt. Mit seiner rechten Hand fixiert Nage Ukes Nakken, damit dieser sich nicht mit ihm zusammen aufrichten kann. →

Durch Übersetzen des rechten Fußes nach vorn unter Ukes rechten Arm hindurch (UCHI) mit anschließender Körperdrehung (TENKAI-ASHI links herum) befreit Nage seine rechte Hand und kommt in dieselbe Blick- und Kraftrichtung wie Uke. →

Wenn diese halbkreisförmige Armbewegung sehr „ausladend", also groß und mit starkem Hüfteinsatz, Absenken des eigenen Schwerpunktes (HARA) und unterstützt durch den Ausatem (KOKYU-RYOKU) erfolgt, kann Nage Uke u. U. hiermit werfen – KOKYU-NAGE. Uke setzt für die Vorwärtsrolle seinen linken Fuß nach vorn und rollt über seinen linken Arm.
(weiter S. 132 unten)

Nage befreit seine gefaßte Hand und hält Uke mit seiner anderen Hand im Nacken tief, damit Uke sich nicht aufrichten kann. →

Nage wirft Uke mit dem langen Armhebel nach vorn. ●

7.5. Tenchi-Nage

Tenchi-Nage ist eine Wurftechnik, bei der Uke dadurch zu Fall kommt, daß er gewissermaßen wie eingespannt zwischen „Himmel“ (= Ten; Nages obere Hand) und „Erde“ (= Chi; Nages untere Hand) völlig in seinem Gleichgewicht labilisiert wird.
Da Tenchi-Nage ähnlich Irimi-Nage ist, ist es wichtig, auf die Unterschiede zu achten: Auch Tenchi-Nage erfordert ein starkes „Irimi“, „wickelt“ jedoch Uke weniger ein als Irimi-Nage (mehr zentripetale Wirkung), sondern „spannt“ ihn mehr „auf“ zwischen „oben“ und „unten“ (mehr zentrifugale Wirkung). Vergleiche die Abwurfphase in Abschnitt 7.2., Irimi-Nage.

▷ Gyaku-Hanmi Katate-Tori *(oder* Ryote-Tori*)* Tenchi-Nage *und* Kokyu-Nage *zur Verdeutlichung:*

1. *wie man aus zwei verschiedenen – allerdings ähnlichen – Ausgangspositionen in dieselbe Grundtechnik kommt;*
2. *wie sich aus einer Grundtechnik eine* Kokyu-Nage*-Form ableiten läßt.*

Tenchi-Nage

Tenchi-Nage

Ausgangsposition A
Gyaku-Hanmi, Nage links, Uke rechts vorn, Katate-Tori (Fassen eines Handgelenkes mit einer Hand).

Ausgangsposition B
Gyaku-Hanmi, Nage links, Uke rechts vorn, Ryote-Tori (Fassen beider Handgelenke).

Nage leitet die Bewegung durch ein Tsugi-Ashi links vorwärts ein, hält dabei seine linke Hand vorn unten („Erd-Hand"), mit seiner rechten Hand hält er Uke auf Abstand (angedeuteter Tsuki).

Dieselbe Eingangsbewegung wie vorher, jedoch muß Nage hier seine rechte Hand entlang der Innenseite von Ukes linkem Arm nach oben „schrauben" (dabei Ellbogen tief), um so Ukes Gleichgewicht zu labilisieren. →

Nage setzt seinen rechten Fuß nach vorn weit in Ukes Rückseite, wobei ihn die „Erd-Hand" weiterhin fixiert, während die rechte „Himmels-Hand" im Bogen nach vorn geht (dabei Daumenseite nach unten, Ellbogenseite nach oben drehen). So wird Ukes Gleichgewicht noch mehr labilisiert, und er ist gleichsam „eingespannt" zwischen „Himmel" und „Erde". →

Abwurfphase des TENCHI-NAGE. Nages Armhaltung wird konsequent beibehalten. →

Der Wurf erfolgt durch starken Hüfteinsatz, nicht aus der Schulter. →

Kokyu-Nage

Der Eingangsschritt – egal ob aus Katate-Tori oder Ryote-Tori – ist derselbe wie bei Tenchi-Nage, jedoch legt Nage hier seine rechte Hand zusätzlich in Ukes Ellbeuge des Angriffsarms.

Das Ki strömt jederzeit nach außen. ●

Dieser KOKYU-NAGE beinhaltet eine starke Bewegung Richtung Erde. Die Schrittbewegung ist dieselbe wie bei TENCHI-NAGE, jedoch geht die Bewegungskraft hier natürlich voll in Ukes Ellbeuge. →

Phase des Abwurfs. Ukes Gleichgewicht ist durch Nages Vorwärtsbewegung labilisiert, weshalb Uke auch fallen muß.
(weiter links unten)

Wichtig ist Nages konsequente Armhaltung. Er gibt Uke lediglich etwas Unterstützung beim Fallen, damit dieser seinen Kopf nicht am Boden verletzt und er gut YOKO-UKEMI landen kann. →

KOKYU-NAGE erfolgt auch hier durch Schrittbewegung und Hüfteinsatz, nicht durch Drücken aus der Schulter. ●

Der Weg des Aiki

Aus der Natur des Menschen und der Struktur seiner grundlegenden Bedürfnisse kann man vier wesensimmanente Bedürfnisse postulieren:

1. Ein Bedürfnis nach *INTEGRITÄT* im Sinne von Unversehrtheit der Person an Leib und Seele, Körper und Geist,
2. ein Bedürfnis nach *HARMONIE*, nach Übereinstimmung und Koexistenz (Gemeinschaft),
3. ein Bedürfnis nach *SELBSTAUSDRUCK* oder *SELBSTVERWIRKLICHUNG*, nach Verwirklichung unserer innersten Potentiale,
4. ein Bedürfnis nach *BEWUSSTSEIN* bzw. *BEWUSSTSEINSERWEITERUNG*.

Das Bedürfnis nach Integrität im Sinne der Unversehrtheit an Leib und Seele, Körper und Geist thematisiert den für das Aikido relevanten Punkt der Selbstverteidigung. Wie kann und soll in unserer heutigen Welt überhaupt eine Selbstverteidigungs-Kunst beschaffen sein, wo längst ein Bewußtsein für die Notwendigkeit von Ab-rüstung statt Auf-rüstung getreten ist, wo Ent-rüstung die gewaltsamen Mittel der Konfliktbewältigung abzulösen beginnt, wo die Suche nach harmonischen Wegen der Ko-existenz zu einer Überlebensfrage zu werden beginnt? Natürlich mag es unter bestimmten Bedingungen notwendig sein, jene oben genannten Grundbedürfnisse zu verteidigen. Solche Konfliktsituationen sind jedoch in Zukunft wohl eher nach allgemeinen Prinzipien von Kontakt und Beziehung zu lösen als mit Gewalt und Kampftechniken.
Wie wir in diesem Buch darzustellen versuchten, vermag das Aikido einige Aspekte und Konfliktlösungsstrategien aufzuzeigen. Doch so manches Selbstverteidigungs-Motiv selbst läßt sich bei genauerem Betrachten und Analysieren als – wie wir es nennen möchten – „Ego-Verteidigungsmotiv" entlarven. Wir meinen damit all jene Motive, die einer gefährlichen Selbstidealisierung und -illusionierung Vorschub leisten können, die oft mit Selbstverwirklichung verwechselt werden. Selbst O-Sensei Morihei Ueshiba schien ja anfänglich nicht frei von solch ichhaften Motiven (nämlich z. B. „unbesiegbar zu sein"). „*Ego*-Verteidigungsmotive" nennen wir all jene Motive, die letztendlich dem Schutz und der Verteidigung eines hypertrophen und fixierten *Egos* dienen oder entspringen, das um seine Position in der Welt besorgt ist und/oder an „überlebten" Identifikationen festhält, anstatt sie loszulassen. Offene oder verdeckte bzw. versteckte Formen der Selbstidealisierung (z. B. der eigenen Grandiosität) gehören hierzu ebenfalls wie falscher Stolz, Ehrgeiz und Narzißmus (übersteigerte Selbstgefälligkeit) ebenso wie Geltungs- und Machtstreben, jegliche Form übersteigerter außenorientierter, auf Fremdverstärkung angewiesener Gesinnung statt intrinsischer (aus sich selbst verstärkender, weil innengeleiteter), dem Wesenskern oder „wahren Selbst" entspringender Motivation. Denn nur dann kann es eine wahrhafte Erfüllung all unserer Grundbedürfnisse geben. Aikido als ein handlungsorientierter, leib- und bewußtseinszentrierter Übungs-Weg (Do) vermag hierbei – in der rechten Gesinnung ausgeübt und von einem entsprechenden Meister angeleitet – einen wertvollen Beitrag zu leisten.

Anhang – Gymnastik 1. Stufe (Tai-Iku)

AIKIDO soll Bewegung in Harmonie mit dem Körper versinnbildlichen. Um diese Einheit mit dem Körper zu erreichen, ist eine aufrechte Wirbelsäule Voraussetzung für jeden Aikidoka. Jeder dritte Bewohner der westlichen Hemisphäre leidet an Rückenbeschwerden, die durch falsches Tragen, Heben, Sitzen, Liegen, Gehen, Stehen, Schlafen im Alltag verursacht werden. Gerade deshalb muß in der Freizeit der Bewegungsausgleich wirbelsäulenfreundlich gestaltet werden. Bei den Übungen muß deshalb auf eine exakte Ausführung geachtet werden, um etwaige Haltungs- und Bewegungsfehler schon im Vorfeld zu vermeiden. Im Folgenden wurde deswegen v. a. auf Übungen Wert gelegt, die der Kräftigung und Dehnung des Körpers dienen, um ein ausgeglichenes Verhältnis zwischen Kraft und Beweglichkeit zu schaffen. Aus der Vielzahl der möglichen Übungen sind nur einige herausgegriffen. Diese wurden unter den Gesichtspunkten der traditionellen Trainingslehre wie Kraft, Ausdauer, Koordination und Beweglichkeit ausgewählt.

Kraft

Es ist ein Irrtum zu denken, daß man im AIKIDO ganz auf Kraft verzichten könne. Wie in jeder anderen Sportart auch, muß man Kraft aufwenden, z. B.: bei der tiefen Grundstellung, die einen großen Kraftaufwand des Oberschenkelmuskels erfordert. Dennoch, und dies bietet die Ausnahme des AIKIDO zu den übrigen Selbstverteidigungs- bzw. Kampfsportarten, versucht man die Kraft des Partners zu nutzen, gerade in den TENKAN-Bewegungen, um sie für sich zu verwenden. Dadurch wird diese fremde Kraft in die eigene einbezogen und auf den Partner zurückgeführt. Diese Aneignung und Umwandlung der vom Gegner ausgehenden Kraft ermöglichen die Wirksamkeit der im AIKIDO verwendeten Techniken.

Für den Aikidoka ist ein ausgewogenes Muskel- bzw. Kraftgleichgewicht unbedingt notwendig für das Ausführen koordinierter, aufrechter Bewegungen. Die Kraft bestimmter Muskelgruppen ist dafür besonders ausschlaggebend, die bei der durchschnittlichen Bevölkerung oft nur rudimentär ausgebildet ist.

Die wichtigsten sind:

- Oberschenkelmuskel (musculus rectus femoris),
- langer Rückenstrecker (musculus erector spinae),
- gerader Bauchmuskel (musculus rectus abdominis),
- schräger Bauchmuskel (musculus obliquus internus u. externus),
- Ellenbogenstrecker (musculus triceps brachii),
- Ellenbogenbeuger (musculus biceps brachii),
- die gesamte Schultergürtelmuskulatur.

Es gibt zwei Arten, Kraft zu trainieren, entweder isometrisch oder dynamisch. Für unseren Zweck ist das dynamische Krafttraining sinnvoll, da mit dem Kraftzuwachs gleichzeitig die lokale Muskelausdauer trainiert wird und außerdem Bewegungsfolgen sicherlich mehr Spaß bereiten als einseitige, sich immer gleich wiederholende Übungen.

Um Krafttraining sinnvoll zu gestalten, muß man einige Regeln beachten.

1. Eine vorausgehende Aufwärmphase (ca. 5 bis 10 Minuten) ist unbedingt erforderlich, um die Verletzungsgefahr so gering wie möglich zu halten.

2. Die Übungen müssen so abwechslungsreich gestaltet werden, daß immer wechselweise verschiedene Muskelgruppen trainiert werden.
3. Vor allen Dingen bei nicht trainierten Personen muß auf ausreichende Pausen geachtet werden.
Die Devise lautet: Wenig, regelmäßig und langsam steigernd!

Ausdauer

Das Aikidotraining erstreckt sich meist über eineinhalb bis zwei Stunden, Aikidolehrgänge dagegen oft über ein Wochenende oder sogar eine Woche mit mindestens zwei Trainingseinheiten am Tag, was sowohl dem Kreislaufsystem als auch der Konzentration eine große Ausdauer abverlangt.
Was verbirgt sich hinter dem Wort Ausdauer? Sie ist die Fähigkeit, der Ermüdung zu widerstehen, d. h., die Muskulatur ermüdet bei dynamischer Arbeit langsamer, die Mitochondrienanzahl steigt und somit die Sauerstoffaufnahmekapazität im Blut. Das Herz-Kreislauf-System wird weniger belastet, da der Sauerstoff von den Muskeln voll ausgeschöpft werden kann.

Auch hier müssen einige Regeln beachtet werden.
1. Ausdauer muß über längere Zeit mindestens zehn Minuten und mehrmals wöchentlich (mindestens dreimal) trainiert werden, um Erfolge zu erzielen.
2. Bei Anfängern sind mehrere Zwischenpausen erforderlich, denn die Pulsfrequenz darf nie über 220 minus Lebensalter steigen, ab dem vierzigsten Lebensjahr 200 minus Lebensalter.
3. Der optimale Puls für Ausdauertraining beträgt 130 Schläge je Minute.

Koordination

Die Koordination setzt sich aus zwei Komponenten zusammen: der Feinmotorik (= Geschicklichkeit) und der Grob- bzw. Gesamtmotorik (= Gewandtheit). Bei jeder Übung müssen das zentrale Nervensystem und die dazu erforderlichen Muskelgruppen gezielt zusammenarbeiten, um eine koordinierte Bewegungsfolge leisten zu können. Das Einüben eines neuen Bewegungsmusters erfolgt in verschiedenen Phasen.
1. Sensorische Phase. z. B. Sehen, d. h. die bildhafte Vorstellung.
2. Generalisationsphase. d. h., die ersten eigenen Bewegungsversuche werden gemacht, meist eckig und grob koordiniert.
3. Feinkoordinationsphase. Eine gleichmäßig, ökonomisch fließende Bewegung kann vollzogen werden.
4. Automatisationsphase. Wurde ein Bewegungsmuster tausendmal exakt ausgeführt, dann wird 2 mal im Zentralen Nervensystem (Unterbewußtsein) automatisiert; d. h., es ist jederzeit variabel verfügbar.

Einige Regeln
1. Neue Bewegungsmuster müssen in ständiger Wiederholung unter gleichen Bedingungen trainiert werden.
2. Die Wiederholungen dürfen ein bestimmtes Maß nicht überschreiten, d. h., es darf beim Übenden keine Ermüdung auftreten, da nur

durch bewußtes Ausführen einer neuen Bewegung ein Trainingserfolg erzielt werden kann. Weniger (= bewußtes Training) ist mehr!

Beweglichkeit

Andauernde einseitige Arbeitshaltung, Bewegungsmangel und einseitig ausgeübte Sportarten können zu Verkürzungen der Muskulatur sowie zur Einschränkung der Gelenkbeweglichkeit führen. Die Folgen sind schmerzhafte Verspannungen, Rückenbeschwerden und körperliches Unbehagen. Ein Stretchingprogramm richtig eingesetzt, hilft Spannungen lösen, Beweglichkeit der Gelenke sowie Dehnbarkeit der Muskulatur zu fördern, d. h., die eigene Bewegungsfreiheit zu steigern, und setzt die Verletzungsgefahr herab.

Gerade beim Stretching müssen bestimmte Regeln beachtet werden, um nicht mehr zu schaden als zu nutzen.

1. Dehnen nur mit erwärmter Muskulatur. Am effektivsten vor und nach dem Krafttraining, um Muskelkater vorzubeugen.

2. Die Dehnungsübungen unbedingt nur bis zur Schmerzgrenze ausführen, bei regelmäßiger Durchführung sinkt diese automatisch.

3. Nur ausdauerndes Stretching führt zu einem Erfolg, mindestens zwei- bis dreimal pro Woche.

4. Eine Dehnung muß dreißig Sekunden kontinuierlich gehalten werden, auf keinen Fall Nachfedern (dadurch wird über die Muskelspindel der entsprechende Nerv gereizt, es kommt zu einer Kontraktion des zu dehnenden Muskels – genau der gegenteilige Effekt zur Dehnung!).

Auch hier gilt die Devise: Weniger (= richtiges Dehnen) ist mehr!

Kraft, Ausdauer, Koordination und Beweglichkeit sind die Grundpfeiler aller Bewegungsmuster. Nur alle vier Komponenten zusammen können zu ökonomisch ausgeglichenen Bewegungsfolgen führen. Sicherlich steht je nach Sportart manchmal eine Komponente im Vordergrund, wobei die restlichen drei aber auf jeden Fall berücksichtigt werden müssen.
Allgemein muß natürlich bei der Ausführung einer neuen Sportart die körperliche Tauglichkeit vorher geprüft werden. Herz-Kreislauf-Probleme, nicht ausgeheilte Verletzungen, Operationen und Unlust sind sicherlich Kontraindikationen.
Vor übertriebenem Ehrgeiz bei der Gymnastik sei hier gewarnt. Wie viele Sportunfälle ereignen sich aufgrund überzeichneter Ziele und übersteigerter Selbsteinschätzung, auch im Aikido? Jeder Form des Wettbewerbs wird im Aikido entsagt, von Anfang an!
Im Gymnastikteil werden die Übungen sowohl in der richtigen als auch in der falschen Ausführung dargestellt, letztere sind entsprechend gekennzeichnet.
Ebenso sei bei den folgenden Übungen gesondert auf die Atmung zu achten. Im Ruhepunkt (= Ausgangsposition) immer tief einatmen, bei der Ausübung der einzelnen Bewegungen langsam ausatmen. Dann wieder zurück in die Ausgangsposition, einatmen und wieder mit der Bewegung langsam ausatmen. Das richtige Atmen ist im Aikido ein wichtiger Bestandteil der Gymnastik, wodurch die Atemkraft ausgenutzt werden soll.
Im Aikido soll die Gymnastik in Übereinstimmung mit dem Ki, d. h. mit dem Atem, geschehen, eine wichtige Vorstufe zum Erlernen des harmonischen Weges.

Aufwärmen

Jedes Aikidotraining sollte die Aufwärmphase mit verschiedenen Laufarten gestalten. Drei Beispiele, die mit dem Dauerlauf verbunden werden können:

1. *Anhocken:* Abwechselnd (links und rechts) werden während des Laufes die Knie nach oben gezogen.

2. *Anfersen:* wie 1., dabei die Fersen Richtung Gesäß anziehen.

3. *Seitlicher Kreuzlauf:* Im seitlichen Lauf wird das linke Bein abwechselnd vor dem rechten vorn und danach hinten gekreuzt, ebenso zur anderen Seite.

Gymnastik
Jeder Kräftigungsübung wird eine Dehnübung zugeordnet.
Um eine Kräftigung der entsprechenden Muskulatur zu erreichen, sollte die jeweilige Übung 10- bis 12mal wiederholt werden. Beim Dehnen ist darauf zu achten, daß die Haltezeit von mindestens 30 Sekunden eingehalten wird. Auf keinen Fall Nachfedern!

Dehnung Hals-Nackenmuskulatur
Im Stand mit der linken Hand die rechte Seite des Kopfes fassen und vorsichtig geradlinig nach links ziehen. Der rechte Arm hängt seitlich am Körper, und die Finger der rechten Hand streben nach unten zum Boden. Im umgekehrten Sinne langsam lösen.

! FALSCH!
Nicht den Kopf maximal seitlich neigen, sondern den Arm maximal zum Boden streben lassen.

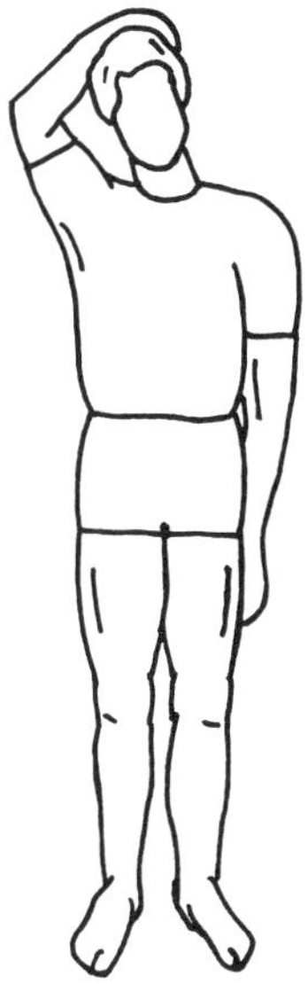

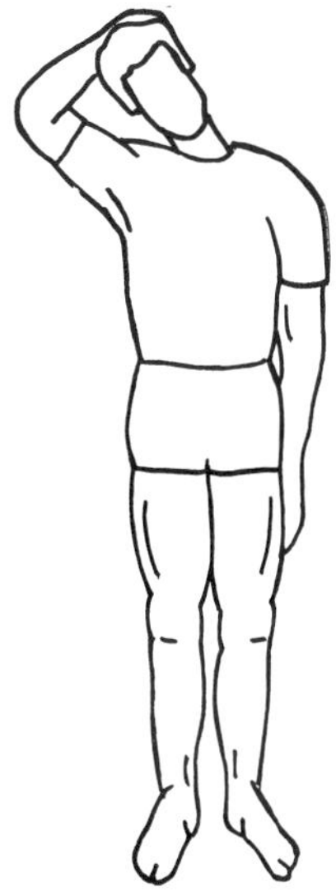

Kräftigung Hals-Nackenmuskulatur
Im Stand die linke Handfläche seitlich links am Kopf anlegen. Der Ellbogen steht in Verlängerung der Schulter. Die Hand übt am Kopf Druck nach rechts aus. Mit dem Kopf Widerstand geben, so daß keine Bewegung zustande kommt (= isometrische Anspannung) – Ebenso zur anderen Seite üben.

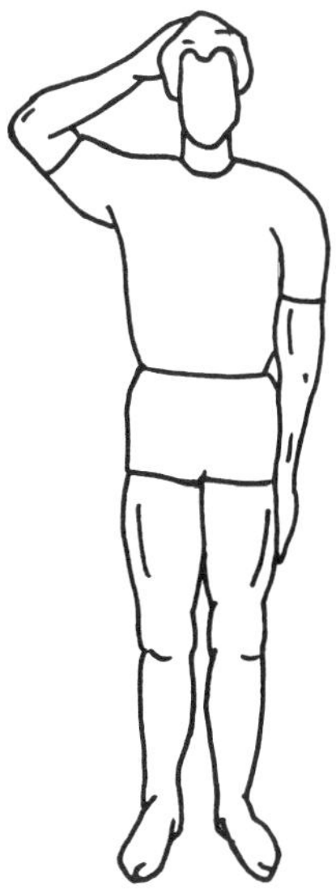

Dehnung Schultergürtelmuskulatur
Im Stand die rechte Hand auf die linke Schulter legen, wobei der Ellbogen horizontal steht. Die linke Hand faßt den rechten Ellbogen und schiebt diesen gegen die linke Schulter. Der Kopf dreht zur gedehnten Seite.

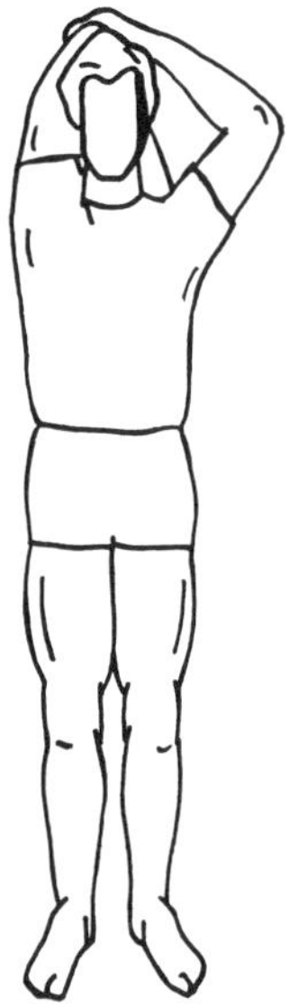

Kräftigung Schultergürtelmuskulatur
Im Stand beide Arme im 90-Grad-Winkel seitlich ausstrecken. Beide Schultern Richtung Ohren anheben und senken.

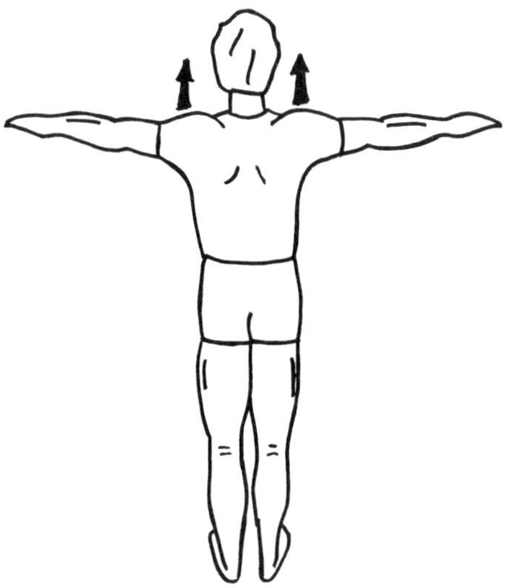

Dehnung Oberschenkel
Im Stand das Fußgelenk des rechten Beines von hinten fassen. Die Ferse Richtung Gesäß ziehen. Die Leiste nach vorn schieben. Das Knie muß parallel zum anderen Knie stehen.

FALSCH!
Hohlkreuz vermeiden!

Kräftigung Oberschenkel
Stand, die Beine stehen schulterbreit auseinander. Die Knie so weit wie möglich beugen (möglichst 90°). Die Wirbelsäule ist dabei aufgerichtet. Zirka 30 Sekunden halten.

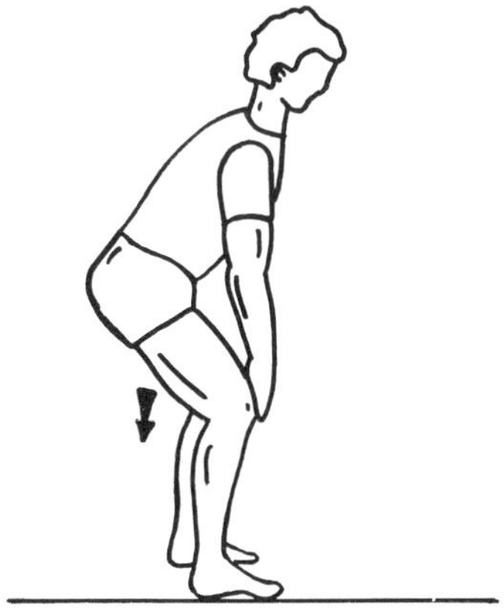

Dehnung Gerade Bauchmuskulatur
Bauchlage, den Oberkörper dabei anheben. Das Brustbein Richtung Decke ziehen. Füße bleiben am Boden liegen.

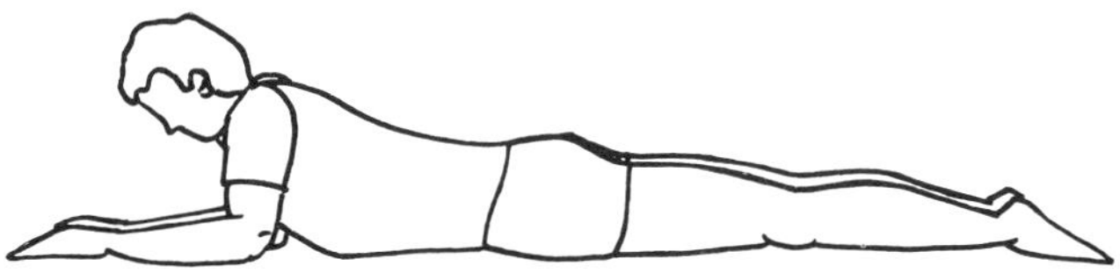

! FALSCH!
Halswirbelsäule nicht überstrecken!

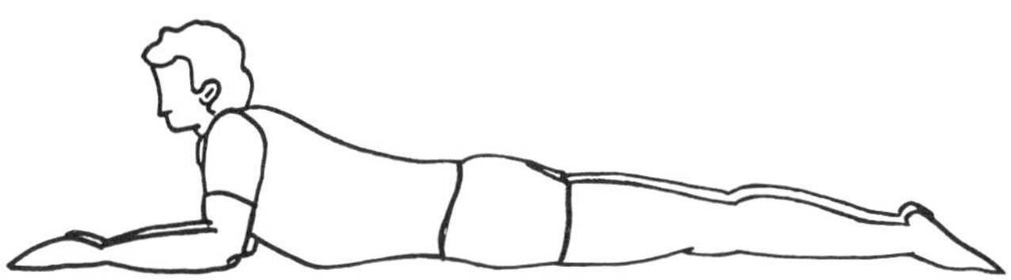

Kräftigung Gerade Bauchmuskulatur
Rückenlage, beide Beine nacheinander anstellen. Die Hände liegen unter dem Kopf. Während der Ausatmung den Oberkörper geradlinig Richtung Knie hochziehen.

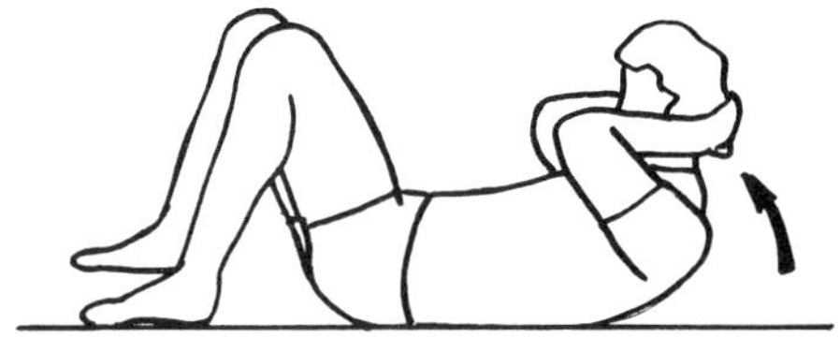

Dehnung Schräge Bauchmuskulatur
Sitz, das rechte Bein ist ausgestreckt. Das linke angewinkelt darübergestellt. Die rechte Hand faßt das linke Knie von außen. Die linke Hand stützt am Rücken möglichst wirbelsäulennah. Der Oberkörper dreht nach links und umgekehrt.

Kräftigung Schräge Bauchmuskulatur
Rückenlage, beide Beine nacheinander anstellen. Die Hände liegen unter dem Kopf. Den Oberkörper während des Ausatmens anheben. Das Becken bleibt am Boden liegen. Beim Anheben des Oberkörpers zieht der rechte Ellbogen Richtung linkes Knie und umgekehrt.

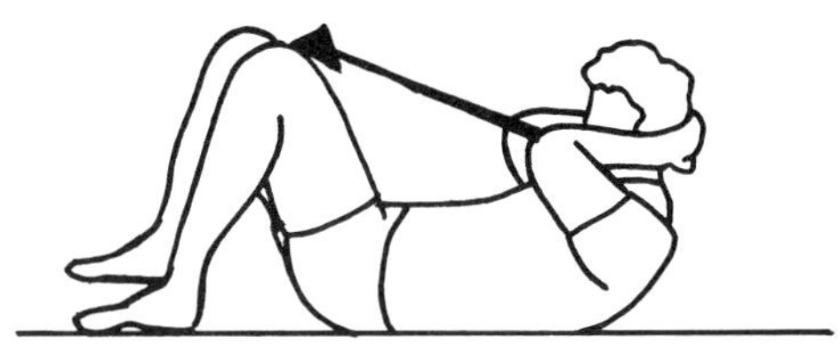

Dehnung Wadenmuskulatur
Stand, weite Schrittstellung mit aufrechter Wirbelsäule. Die Zehen geradeaus. Die Ferse des hinteren Beines strebt Richtung Boden.

Dehnung Rumpfmuskulatur
Stand, rechten Arm hinter dem Kopf anbeugen. Die linke Hand faßt den Ellbogen. Leichter Zug nach links, wobei der Rumpf sich zur Seite mitneigt.

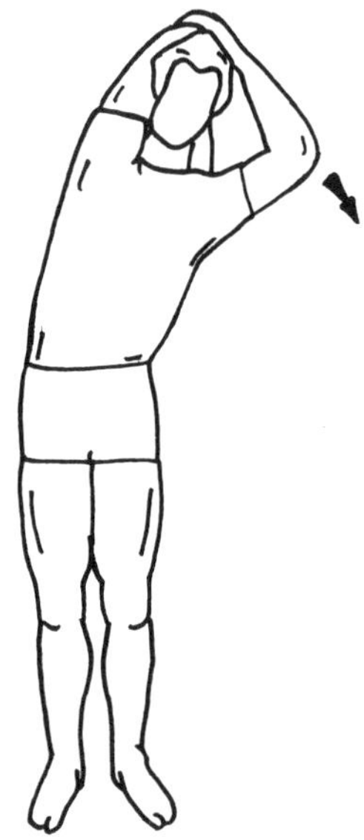

Kräftigung Wadenmuskulatur
Rückenlage, beide Beine Richtung Decke strecken. Die Zehen bzw. die Füße beugen und strecken.

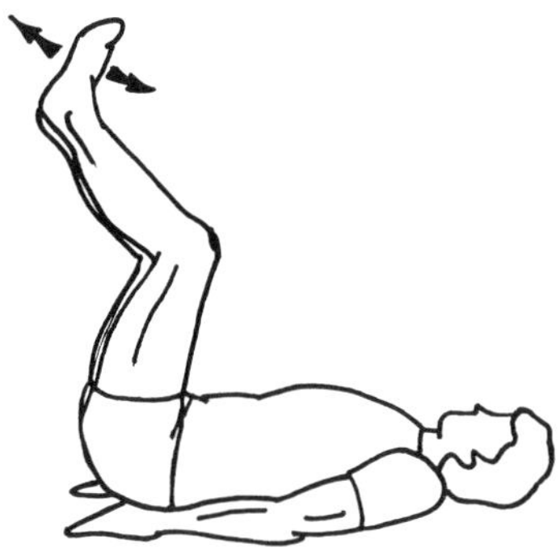

Kräftigung Rumpfmuskulatur
Seitlage, auf den Unterarm stützen. Das Becken anheben, oberen Arm und oberes Bein abspreizen.

Dehnung Rückenmuskulatur
Vierfüßlerstand, einen möglichst großen Katzenbuckel schieben.

Kräftigung Rückenmuskulatur
Vierfüßlerstand, rechter Ellbogen und linkes Knie unter dem Bauch zusammenführen. Nach vorn bzw. nach hinten ausstrecken.

FALSCH!
Die Extremitäten müssen gestreckt sein.
Die Wirbelsäule muß in der Waagerechten gehalten werden.

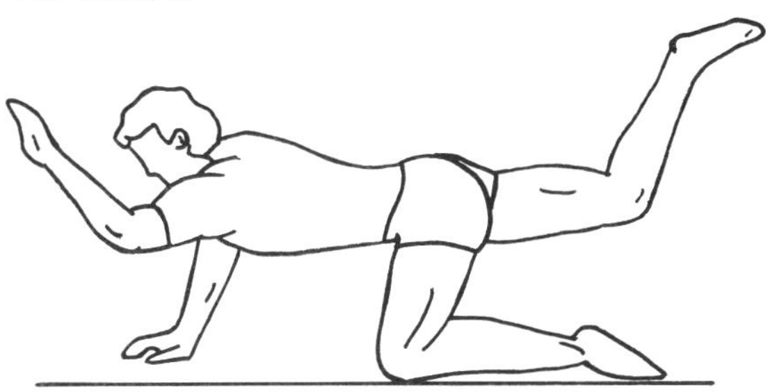

Dehnung Gesäßmuskulatur
Sitz, das rechte Bein ist ausgestreckt. Das linke angewinkelt darübergestellt. Die rechte Hand faßt das linke Knie von außen. Die linke Hand stützt am Rücken möglichst wirbelsäulennah. Der Oberkörper dreht nach links und umgekehrt.

FALSCH!
Während der Dehnung soll die Wirbelsäule senkrecht zum Boden stehen.

Kräftigung Gesäßmuskulatur
Vierfüßlerstand, ein Bein mit gebeugtem Knie in der Waagrechten etwa 12 Sekunden halten, 5 – 6mal wiederholen.

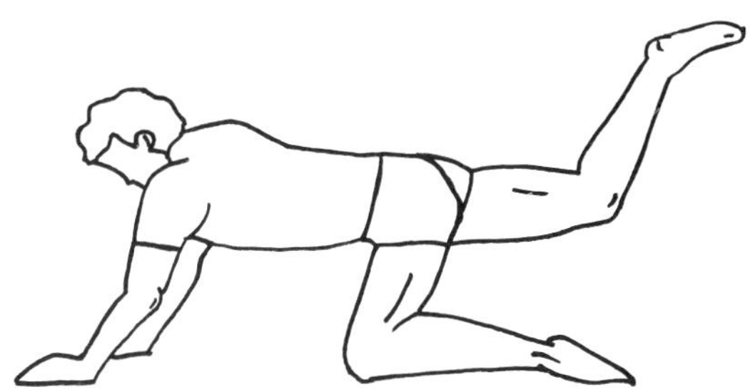

Literaturhinweise

In früheren Übersetzungen aus dem Japanischen finden wir den Namen „Uyeshiba". In unserem Buch verwenden wir nur die Schreibweise „Ueshiba", wie sie in neueren Veröffentlichungen verwendet wird.

Brand, R.: Aikido. Lehren und Techniken des harmonischen Weges. Niedernhausen, 1989.

Dürckheim, K.: Hara – Die Erdmitte des Menschen. Weilheim, 1972.
Übung des Leibes. München, 1978.
Sportliche Leistung, menschliche Reife. Aachen, 1986.

Nocquet, A.: Der Weg des Aikido. Leben und Vermächtnis des Aikido-Gründers O-Sensei Morihei Uyesiba. Leimen, 1988.

Patt, H.: Aikido. Dynamik und Harmonie. München, 1987.

Protin, A.: Aikido. Die Kampfkunst ohne Gewalt. München, 1984.

Tohei, K.: Aikido. The Coordination of Mind and Body for self-defense. München, 1966.

Uyeshiba, K.: Aikido. Tokyo, 1969. (Alle Zitate von O-Sensei M. Ueshiba stammen aus diesem Werk.)

Wagner, W.: Zwischen Hirn, Herz und Hara. Grundlagen lebensenergetischer Übungswege und Therapien. Kassel, 1994.